Christine Brinck

Mütterkriege

W0354824

Christine Brinck

Mütterkriege

Werden unsere Kinder verstaatlicht?

HERDER

FREIBURG · BASEL · WIEN

Gedruckt auf umweltfreundlichem,
chlorfrei gebleichtem Papier

Alle Rechte vorbehalten – Printed in Czech Republic

© Verlag Herder Freiburg im Breisgau 2007
www.herder.de
Satz: Rudolf Kempf, Emmendingen
Druck und Bindung: CPI Moravia Books, Pohorelice 2007
Umschlaggestaltung und Konzeption:
R·M·E München / Roland Eschlbeck, Liana Tuchel
ISBN 978-3-451-03005-5

Für Jessica und Janina

Inhalt

Einleitung 11

1. Kinder zuerst! 15
2. Das Kind ist auf der Welt und soll gleich fort? 23
3. Mütter zuerst! 29
4. Von der vermeintlichen Selbständigkeit kleiner Kinder 34
5. Kinder sind unprofessionell 40
6. Die Zeitarmut 43
7. Quality Time 48
8. Was ist mit der Bindung? 55
9. Familien sind besser als ihr Ruf 61
10. Und die Väter? 69
11. Wie viel Krippe braucht das Land? 74
12. Die Krippenklientel 79
13. Die gute Krippe 85
14. Die Fremdbetreuer 91
15. Das Gleichgewicht zwischen Arbeit und Leben 102
16. Was die Betroffenen zum Thema sagen 108
17. Statt eines Nachworts: Was kostet ein Kind? 152

Ausgewählte Literatur 155

Wir sind es, die dem Himmel dafür danken müssen,
dass wir Kinder haben. Kinder sind unsere Stärke und unser einziger Reichtum.
Cristina Vita

Die größte, wichtigste und nützlichste Regel
aller Kindererziehung ist, nicht Zeit zu gewinnen,
sondern sie zu verlieren.
Jean-Jacques Rousseau, *Emile*

Einleitung

„Ein Baby – das gibt es nicht“, verkündete einst der englische Psychoanalytiker D. W. Winnicott. „Es gibt nur ein Baby und Jemand.“ Winnicott bezog sich auf die offensichtliche Hilflosigkeit eines Säuglings, der ohne Mutter, ohne ein Gegenüber nichts ist. Damit wir uns nicht aus dem Staub machen, hat die Biologie das Kindchenschema erfunden. Riesige Augen, runder Kopf, Pausbacken, Stupsnase, zahnloses Lachen – ein Blick und unsere Liebe und Hilfsbereitschaft kennt zumindest vorübergehend keine Grenzen. Winnicott meinte aber noch etwas weit Bedeutenderes: Kleinste Kinder bedürfen „des anderen“ in existenzieller Weise, um in diese Welt eingeführt zu werden. Babys und Kleinkinder brauchen die Mütter und Väter nicht nur, um geliebt und geküsst, ja, und auch gefüttert und gesäubert zu werden, sie brauchen sie zur Interpretation der verwirrenden Welt, als sicheren Hort, um in ihrem Schutz die Welt kennen und verstehen zu lernen, um Ordnung ins Chaos ihrer Wahrnehmungen zu bringen. Kleine Kinder brauchen uns weit länger als manchem Recht und vielen klar ist, sie sind nicht so selbständig, wie es manchen wünschenswert erscheint.

Weil das so ist, brauchen sie verlässliche Betreuer, am liebsten Mütter und Väter, oder Ersatzmütter. Ersatzmütter können Großmütter, Tanten und Onkel, Freundinnen, Kinderfrauen, Tagesmütter oder auch Krippenerzieher sein. Um die Ersatzmütter dreht sich seit Monaten die aufgeregte, teils auch hysterische Diskussion von Gegnern und Befürwortern der Fremdbetreuung. Über weite Stecken bestimmt wurde die Debatte von einer kinderlosen Kanzlerin, einer siebenfachen Mutter, die erst mit ihrem Eintritt in die Politik zur Karrierefrau mutierte und einem zölibateren Bischoff, der kurioserweise Herr über viele Kindergarten- und Krippenplätze ist – Experten der besonderen Art. Das Dilemma, dass Babys und Kleinkinder Pflege brauchen, ihre primären Pfleger, die Mütter, aber arbeiten wollen oder sollen, haben sie bestenfalls benannt. Zur Lösung haben die einen eine halbe Million Krippenplätze in die Waagschale geworfen, andere haben diese Lösung scharf verurteilt.

Wie also löst man dieses Dilemma am besten? Mit der Krippe, erschallt es aus allen Ecken in letzter Zeit. Her also mit neuen Krippenplätzen! Das muss sein, das ist fortschrittlich und längst überfällig, die Franzosen und Schweden haben es doch vorgemacht. Doch: Nur neun Prozent der jungen Mütter zwischen 18 und 29 Jahren nennen die Vereinbarkeit von Familie und Beruf als größte Schwierigkeit, sie empfinden die richtige Erziehung der Kinder als weit schwieriger. Brauchen die jungen Mütter vielleicht eher Erziehungshilfen als Krippen? Beratung der Eltern in Erziehungsfragen spielt eine immer größere Rolle in der Frühkindpädagogik.

Die Betreuung der Kleinsten wird als das große Hindernis für die berufliche Selbstverwirklichung der Mütter gebrandmarkt. Der Schlachtruf lautet: „Wir müssen den Frauen und den Müttern helfen!“ Wieso wirft sich an der lauten Journalistenfront eigentlich kaum jemand für die Kinder in die Bresche? Hilflos wie sie sind, bedürfen sie unserer Fürsprache mehr als die Mütter. Die Mütter brauchen unsere Unterstützung, die Kinder brauchen unseren Schutz. Und wenn die Forschung – manchen reicht auch der Instinkt – sagt, dass für kleinste Kinder die Krippe nicht der beste Ort zum Aufwachsen ist, warum suchen wir nicht viel intensiver nach anderen Lösungen?

Ein halbes Jahrhundert nach Kate Millet und Betty Friedan scheinen die ausgepowerten Frauen genau da wieder angekommen zu sein, wo ihre Mütter und Großmütter standen: Sie erleben ein hektisches und spirituell leeres Leben, das sie mit der Berufstätigkeit hinter sich zu lassen glaubten. Die gestressten, berufstätigen Mütter sind das moderne Gegenstück zu den depressiven Hausfrauen, von denen Betty Friedan schrieb. Die Frauen, die in den

Vororten ein komfortables Leben führten, sich aber den Vorwurf gefallen lassen mussten, dass sie trotz allem Komfort unzufrieden seien, sind zurückgekehrt. Jetzt haben sie auch allen Komfort, sogar mehr als zuvor, weil sie mit ihrer Arbeit für mehr Konsum und Bequemlichkeit sorgen können, aber zufriedener und glücklicher sind sie dabei nicht geworden.

Arbeit ist nicht das Allheilmittel, das die Frauen aus Knechtschaft, Langeweile und Unmündigkeit führt. Daran indes, so meinen viele, ist die Gesellschaft schuld, weil sie nicht genug erstklassige Kinderpflege bereitstellt. Wären sie erst einmal die Kinder los, würden Frauen ihr ganzes wunderbares Potenzial zum Nutzen ihrer selbst und der Gesellschaft realisieren können.

Freilich basiert das auf der falschen Annahme, dass Mütter nichts lieber wollen, als immer mehr Zeit von ihren Kindern entfernt zu verbringen. Arlie Hochschild („*The Time Bind*", 1997) hat uns von solchen Frauen erzählt. Doch niemand wird gezwungen, ein Baby zu bekommen. Wenn wir sie aber haben, haben wir die Pflicht, uns um unsere Kinder zu kümmern. Und die meisten Frauen sind, trotz aller längst eingerissenen Barrieren, nicht von ihrer Liebe zu den Kindern abzubringen. Mutterschaft ist eben kein Kleid, das man stundenweise an- und abstreifen kann. Man kann den berufstätigen Müttern schriftlich und mündlich versichern, dass sie sich nicht schuldig fühlen müssen, dass sie sich nicht zu stressen brauchen und zum Unglücklichsein kein Grund besteht, sie werden sich oft nur noch schlechter fühlen, allein weil sie diese Gefühle haben. Die 34 Prozent berufstätiger amerikanischer Mütter, die nach der jüngsten Umfrage des renommierten Pew Research Centers angaben, dass sie Berufstätigkeit mit kleinen Kindern für eine schlechte Entwicklung halten, sind ein Indikator dafür, dass das Thema diejenigen, die mittendrin stecken, immer noch belastet. Der Prozentsatz der Haus-Mütter, die gleichzeitige Berufstätigkeit und Mutterschaft mit kleinen Kindern für eine ungute Entwicklung halten stieg sogar in den letzten zehn Jahren um sechs Prozentpunkte von 38 auf 44 Prozent. Interessanterweise sind nach dieser jüngsten amerikanischen Umfrage akademisch gebildete Frauen am negativsten gegen Berufstätigkeit mit kleinen Kindern eingestellt. Vielleicht, weil sie sich über die Auswirkungen auf die Entwicklung der Kleinkinder besser informiert haben?

In der aufgeheizten Debatte um die Pros und Cons von Fremdbetreuung brauchen wir nicht noch eine wissenschaftliche Studie. Wir brauchen aber eine Diskussion um die Vordringlichkeit von Elternschaft. Wir sollten uns daran erinnern, dass Menschenkinder intensive, lang andauernde und sehr persönliche Liebe und Pflege benötigen. Wir rationalisieren diese Pflege an allen Ecken und Enden. Aber wie sehr wir auch glauben, vieles delegieren zu können, bleiben doch Mütter und Väter entscheidend in jeder Phase der ellenlangen menschlichen Kindheit vom Säugling über die Einschulung bis zur Pubertät und zum Jung-Erwachsenen. Unsere wohlhabende Gesellschaft könnte so viel mehr und Besseres für die Kinder tun als sie tut. Rabenmütter und Heimchen sind nicht das Problem. Die moralische Frage, an der wir uns alle messen lassen müssen, lautet: Wie halten wir's mit unseren Kindern? Lieben wir sie genug, tun wir genug für sie, oder tun wir lieber genug für uns selbst?

1.
Kinder zuerst!

Eine Schwangerschaft dauert 266 Tage, 40 Wochen, neun Monate oder drei Trimester. Mediziner zählen in Wochen, die Laien in Monaten. Die Geschichte einer Schwangerschaft ist jedoch am besten in Trimestern erzählt, auch wenn der Terminus eher von Ärzten als von Laien benutzt wird. Das erste Trimester ist durch Übelkeit am Morgen und allgemeine Müdigkeit gekennzeichnet. Das zweite Trimester zeichnet sich durch den allmählich dicker werdenden Bauch und ein allgemeines Wohlgefühl aus, weshalb die Frauen im zweiten Trimester auch oft so gut und blühend aussehen. Im dritten Trimester schließlich fühlt sich so manche Frau aufgebläht, von Sodbrennen, Hämorrhoiden und Krampfadern verunstaltet; Müdigkeit, Vergesslichkeit und das Gefühl, ein gestrandeter Wal zu sein, sind weit verbreitet. Der Wunsch, die Schwangerschaft möge endlich vorbei sein, ist keine Seltenheit. Träume von Stilettos und knatschengen Röcken sind nicht die Ausnahme. Und wer noch nie auf dem Bauch geschlafen hat, möchte nach 35 Wochen genau das dürfen.

Die Schwangerschaft trennt die zukünftige Mutter nicht nur vom Mann und der Kinderlosen, sie trennt sie auch von sich selbst. In ihr existiert ein anderes Leben, das ändert auch ihre Sicht von der eigenen Existenz. Über 40 lange, bisweilen bange Wochen beschäftigt sich die Schwangere mit dem Leben in ihr. In jedem Wartezimmer, jedem Ratgeber, den sie zur Hand nimmt, wird ihr mehr Angst als Freude bereitet. Iss dies nicht, fass das nicht an, beweg dich viel, beweg dich wenig, tue so, als wäre gar nichts und lebe normal, wenn du in der Woche X rauchst, in der Woche Y auch nur ein Glas trinkst, nimmt das Gehirn deines Kindes Schaden: Es wird blind, verkrüppelt, defizitär sein: Du bist schuld. Eben noch war die Neu-Schwangere eine emanzipierte ehrgeizige Frau, die sich auf dem Marktplatz der Arbeit tummelte wie ein Mann, Überstunden, Verantwortung, Reisen, Spaß, Rücksicht auf niemand, alles für den Job, den Boss, das Projekt, die Firma. Und plötzlich: Das KIND!

An den wenigsten Frauen geht das spurlos vorbei. Was erwarte ich, was erwartet mein Mann (sofern ich einen habe), was die Mutter oder gar die Gesellschaft? Soll ich in die Klinik? „Apparatemedizin!", schreien die einen. Soll ich zuhause gebären? „Risiko!", schreien die anderen. Soll ich schmerzvoll, also ohne Hilfsmittel, das Kind kriegen? Schwer für die Mutter, gut für das Baby! Soll ich gleich den Kaiserschnitt auf Donnerstagnachmittag ansetzen? Gut für die Mutter? Wer weiß? Die Experten warnen: zu viele, viel zu viele Kaiserschnitte heute! Schlecht für das Baby.

Die Mutter in spe ist schließlich neu in dem Geschäft. Wie man eine Website einrichtet, kein Problem. Ob die nächste Werbekampagne Erfolg haben wird, da kennt sie sich aus. Ein Kind kriegen? Keine Ahnung, wie es überhaupt ist. Keiner sagt das so genau.

40 Wochen so verbracht und es soll keine Bindung geben? Das neugeborene Kind ist ein so feiner Zuhörer, es reagiert immer auf die Frauenstimme, nicht auf die des Mannes, wenn beide gleichzeitig sprechen. Und warum auch nicht? Schließlich hat es die letzten neun Monate fast ausschließlich die Frequenzen einer Frauenstimme, die seiner Mutter, wahrgenommen. Innerhalb der ersten zehn Wochen nach der Geburt ist die Schärfe des Gehörs so entwickelt, dass das durchschnittliche Baby die Stimme seiner Mutter unter allen anderen heraushören kann. Und dennoch behaupten Leute, es sei egal sein, wer sich des Kindes annimmt nach diesen zutiefst verbindenden 266 Tagen?

Atavismus pur sind Schwangerschaft und allemal die Geburt. Seit abertausenden Jahren kriegen Frauen Kinder, stillen sie die Säuglinge, machen sie sauber, schleppen sie herum, beruhigen, besänftigen, besingen und begurren sie ihre Neugebornen, ihre Krabbel- und langsam aufrecht gehenden Kleinstkinder. Abhängig bleiben die lange. Wann ist es genug? Wann sind sie selbstständig, wann kann man sie anderen überlassen, wann kann man wieder bei sich anfangen? Ab wann ist man keine Egoistin, wenn man endlich wieder frei sein will? Frei ist eine Mutter nie, lautet ein Kalenderspruch. Ist sie etwa frei, weil die Tochter, der Sohn eingeschult werden, die Schule abgeschlossen hat? Hört sie auf, sich zu sorgen, weil das Kind wahlberechtigt ist?

Für die junge oder auch späte Erstgebärende ändert sich alles in dem Moment, in dem sie ihr Kind zum ersten Mal spürt und fundamental, wenn sie es zum ersten Mal hält. Da können ihr Alice Schwarzer (kinderlos) und Simone de Beauvoir (kinderlos) viel erzählen, sie ist zerrissen und kommt meist in große Not bei der Idee, dieses winzige Kind anderen Leuten anzuvertrauen und frohgemut zurück in den Job zu gehen.

Junge Frauen, die für das Neugeborene den Job (zumindest einstweilen) aufgeben, haben Angst und genieren sich vielleicht sogar ein wenig ob ihrer Wahl. Nebenan ruht der stille Garten der zu zweit verdienenden Nachbarn und hier geht eine junge Mutter in eine freiwillige Isolation? Eine Isolation, die ihre Mutter oder Großmutter nicht kannten. Alle machten es so. Sie kümmerten sich um die Familie und nahmen eventuell später wieder eine Beschäftigung auf. Heute indes gibt es Frauen, die gleich nach der Geburt arbeiten gehen, Frauen, die zuhause bleiben, Frauen, die ihr Kind fremd betreuen lassen oder die eigene Mutter für die Betreuung gewinnen, Frauen, die halbtags oder stundenweise arbeiten und solche, die Hausarbeit und Heimarbeit verbinden. Was soll ich tun, was ist für mein Kind, was für mich richtig? Für die neue Zerrissenheit der Mütter hat die Frauenbewegung nie Antworten gehabt, und wenn sie überhaupt etwas dazu gesagt hat, war es nicht besonders hilfreich, weil sie Kinder immer zu einer Sache gemacht hat.

Ist bezahlte Arbeit wirklich erfüllender als ein oder mehrere Kinder großzuziehen? Warum gibt es keine echte Balance zwischen Mutterschaft und Arbeit? Warum war es für die Mutter und Großmutter-Generation gut, zuhause bei den Kindern zu bleiben, warum fühlt sich die moderne Frau bei der Idee nicht so sicher? Sollten Männer und Frauen tatsächlich gleiche Leben führen oder war die alte Arbeitsteilung doch ganz in Ordnung? Und wenn das so ist, sind wir deswegen ungleich?

Nun gibt es seit ein paar Generationen Frauen, die arbeiten und Geld verdienen möchten oder müssen und dennoch nicht auf Mutterschaft und Familie verzichten wollen. Da traf es sich gut, dass Frauen, die als Multi-tasking-Genies gelten, locker alles verbanden: Beruf, Familie, Kinder, Glück. Bei dieser Dauerüberanstrengung, die von dem Schlachtruf „*You can have it all*" begleitet war, sind viele Frauen so müde geworden, dass sie entweder aufhörten Kinder zu kriegen, den Beruf auf Eis legten oder die schon vorhandenen Kinder mit schlechtem Gewissen vernachlässigten. All das macht nicht glücklich.

Säuglinge sind so hilflos, dass es vielen Frauen schwer fällt, sich nicht dauernd für sie verantwortlich zu fühlen. Sie stellen die Babys in den Mittelpunkt ihres Lebens und doch wollen sie nicht auf immer und ewig die kleine Haufrau der früheren Müttergenerationen sein. Doch diejenigen Mütter, die zurück in die Arbeit drängen, müssen sich die Frage stellen: Wie könnten wir die Arbeit besser um unsere Kinder herum planen statt umgekehrt zu fragen, wie die Kinder an die Arbeitswünsche angepasst werden können. „Wenn wir die Kinder kriegen, haben wir auch die Verpflichtung, uns um sie zu kümmern, egal wie langweilig und ermüdend das ist", schrieb vor einigen Jahren Danielle Crittenden, die Gründerin von „The Women's Quarterly".

Fakt ist, einer muss sich kümmern, wenn das – aus welchen Gründen auch immer – der Mann sein soll, auch gut. Freilich kann dieser Rollentausch nicht als gleiche Verantwortung durchgehen, denn in so einem Fall hat dann der Vater nicht die halbe, sondern die die meiste Verantwortung. Das Gefühl gerechter und totaler Befreiung der Frau mag sich da für manche einstellen, doch sind unsere Rollen als Väter und Mütter nicht austauschbar, auch wenn Gender-mainstreaming-Advokaten die Eltern am liebsten androgyn sehen würden.

Die meisten Mütter sehen sich in der Verantwortung für ihre Babys und Kleinkinder. Umfrage nach Umfrage ergibt für diese Einschätzung eine solide Mehrheit. Selbst in den USA, wo mehr Frauen berufstätig sind als irgendwo sonst in der westlichen Welt, arbeitet nur etwa ein Drittel aller Frauen mit Kindern unter drei

Jahren Vollzeit. Die Frage ist doch nicht, ob es bezahlte Kinderpflege geben sollte (es hat sie immer gegeben und es wird sie weiter geben) oder ob sie erstklassig sein sollte (was denn sonst?). Die Frage ist vielmehr, ob die Durchschnittsfrau Kinder in die Welt setzen sollte, ohne die Absicht zu haben, sich auch intensiv um sie zu kümmern.

Sollten wir es nicht merkwürdig finden, dass ein halber Tag mit der Mutter von Kindern als Geschenk empfunden wird? Wenn die Mutter unerwartet einen Nachmittag zuhause verbringt, sind die Kinder erstaunt und beglückt. Toll, du bist da! Du gehst nicht weg? wird dann noch vorsichtshalber nachgefragt. In der KIGGS Studie des Robert Koch Instituts klagte eine Zehnjährige über die ständig beschäftigte Mutter: „Ich hätte einfach gern mehr Zeit mit ihr – egal, wann.“ Darum auch sind Häuser, in denen nach der Schule eine Mutter angetroffen werden kann, so beliebt bei den Freunden der eigenen Kinder: Es ist jemand da.

Ein Baby versteht nicht, warum die Mutter es für das Büro verlässt, ein Krabbelkind würde lieber mit ihr die Legos schichten oder Steinchen sammeln, als sie in die Arbeit hetzen zu sehen und ein Erstklässler interessiert sich nicht für die Gründe, warum die Arbeit für seine Mutter so wichtig ist. Ihn interessiert nur, warum sie nicht da ist. Kinder werden nie von Meinungsforschern befragt, schon gar nicht ganz kleine Kinder. Es ist zu bezweifeln, dass die sich mehrheitlich für die Abwesenheit der Mütter aussprechen, sich als glücklicher ohne die Mutter bezeichnen würden.

In welchem Zustand unsere Gesellschaft sich wirklich befindet, merkt man immer dann, wenn eine Mutter oder werdende Mutter, wie einst Gabi Bauer, die frühere Tagesthemenmoderatorin, ihren tollen Job aufgibt, um sich um ihre Kinder oder ihre Babys zu kümmern. So etwas macht Schlagzeilen! Eine Mutter will Zeit für ihre Kinder haben, nicht zu fassen. Das Normalste der Welt – Kinderglück und Mutterglück – wird zur Ausnahme, zum Wunder umgedeutet.

Seit neuestem soll das Glück für die Frauen aus der Kinderkrippe kommen. Die Idee legt sich wie Mehltau auf den Geist und blockt jede Alternative. Eine halbe Million neue Plätze für Babys, die Lösung aller Probleme. Warum ist bis jetzt noch keiner darauf gekommen? Die Frauen sind entspannt und glücklich, die Babys sind es sowieso, eigentlich geht es ihnen jetzt erst, wo sie rechtzeitig in die Krippe getragen werden können, richtig gut, die Männer finden es auch toll und die Wirtschaft boomt. Am besten geht es freilich den Rentenkassen, denn wenn die Frauen – nun alle der Kinder ledig – arbeiten können und ihre Talente nicht auf dem Spielplatz verschwenden, kommt ein schönes Rentenpolster zusammen.

Die Krippe als „Sesam, öffne dich“ des modernen Feminismus? Belegt wird das immer gern mit den Krippen-Modell-Ländern Schweden und Frankreich. Dort herrschen offenbar paradiesische Zustände für die Frauen, weshalb sie auch mehr Kinder in die Welt setzen als etwa die Deutschen. Einziger Webfehler: Trotz dieser Krippenfülle arbeiten in Frankreich und Schweden weniger Frauen als in Amerika. Amerika ist nämlich in seinen Zuwendungen an die Familien mit Kindern knauserig wie Onkel Dagobert Duck. Kaum Mutterschutz, kein Babyjahr, kein Elterngeld. Alles muss privat organisiert werden. Und doch hat das die Amerikanerinnen nicht gehindert, mehr Kinder in die Welt zu setzen und auch noch mehr zu arbeiten als die Europäerinnen. Sollte vielleicht doch kein sicherer Zusammenhang zwischen Gebärfreudigkeit und Krippenangebot bestehen? So hat Brandenburg bei einer Krippendichte von 429 Plätzen für 1000 Kinder eine Geburtenrate von 1,2, während Krippenschlusslicht Niedersachsen bei 15 Plätzen für 1000 Kinder eine Geburtenrate von 1,5 aufweist.

Aber die Schweden machen doch alles richtig, so die einhellige Überzeugung zwischen Garmisch und Berkeley. Männer und Frauen können sich in den ersten 18 Monaten abwechselnd um das Neugeborene kümmern. Dann gehen die Kinder in die Vorschulen, die mitsamt eigenem Curriculum der Schulbehörde unterstehen. Merkwürdig nur, dass trotzdem ein Viertel der berufstätigen Frauen nur halbtags arbeitet. Eine Zahl, die auch in Frankreich auffällt, trotz Ganztagsschulen und Kinderkrippen überall. Könnte es sein, dass Mütter ihre Mütterlichkeit nicht kontrollieren können und gerne nach Hause streben zu den Kindern? Ab 2008 sollen schwedische Eltern Geld vom Staat erhalten, wenn sie zuhause bleiben wollen und sich selbst um ihre Kinder kümmern möchten. Mütter wie Väter bekommen dann bis zum dritten Lebensjahr ihres Nachwuchses 320 Euro monatlich. Das soll Wahlfreiheit garantieren.

Keine Sorge, die Schweden haben nicht vor, rückwärts ins Patriarchat zu schreiten, sie wollen lediglich denjenigen, die ihre Kinder lieber selber betreuen wollen, dazu auch die Möglichkeit geben. Die 320 Euro sind dabei eher symbolisch zu verstehen, die Hausarbeit ist nicht mehr – wie früher üblich – unentgeltlich. Der Betrag liegt sogar unterhalb der Krippenkosten. Freilich geht auch in Schweden eine Idee, die Kinder betrifft, nicht ohne ideologische Debatten aus. Feministinnen fürchten bei dieser Lösung das Unterlaufen der Gleichstellung, andere warnen vor der „Betreuungsfalle". Die Mutter/Eltern-Kind-Beziehung wird zur Sache gemacht. Das Wohl des Kindes wie das der Eltern ist aus dem Focus komplett verschwunden. Priorität haben Gleichstellung und Vollzeitbeschäftigung. Beides ist mit der Ganztagskrippe, so will es den Ideologen erscheinen, eher zu erreichen als mit einem liebenden, betreuenden Elternteil in der eigenen Wohnung.

Das Misstrauen der Mütter (und Väter) gegenüber der Verstaatlichung ihrer Kinder scheint indes selbst in Schweden ungebrochen, sonst gäbe es nicht so viele Tagesmütter und nicht so einen hohen Prozentsatz an Teilzeitarbeiterinnen. Wer sein Baby in der Ganztagskrippe unterbringen kann, kann doch auch selber ganztags arbeiten. Warum aber wollen gar nicht alle Schwedinnen diesen vermeintlichen Segen annehmen? Wie kann eine Madeleine Lidman im emanzipierten Frauen-Eldorado Schweden ein „Netzwerk für Hauseltern" aufbauen und 40000 Unterschriften sammeln, um die Bezahlung der Eltern-Heimarbeit durchzusetzen? Wären alle schwedischen Eltern überzeugt, dass die Krippe das Beste für sie wie für ihre Kleinkinder ist, das Hauseltern-Projekt hätte keine Chance gehabt.

Woher wissen wir, dass institutionalisierte Betreuung überhaupt gut für das Kleinkind ist?

Gewiss nicht vom Kind. Die Sekretärin, die ihre Tochter mit sechs Monaten in den Betriebskindergarten gibt und voller Überzeugung verkündet: „Die ist da so glücklich, die freut sich jeden Morgen, wenn wir losgehen“, hat sicher keine Konferenz mit dem Säugling abgehalten. Diese Frau war in der Firma gut integriert, kannte viele und ihr eigener Ehemann arbeitet ebenfalls dort. Sie ist darum vielleicht glücklicher so, ob ihr Kind es ist, bleibt gänzlich ungewiss.

Ihr Beispiel zeigt, wie sehr die daheim bleibenden Elternteile der Unterstützung und Beratung bedürfen. Ihre Erziehungsaufgaben werden erleichtert durch allerlei informelle Kinder-, Eltern- oder Spielgruppen. Die jungen Mütter sollten nicht allein gelassen werden mit der Sorge, dass das Leben an ihnen vorbeirauscht, während sie ihr Baby durch den Park schieben oder am Küchentisch füttern. Irgendjemand muss ihnen beibringen, wenn sie es selbst nicht merken, dass ihr Kind nur diese eine Kindheit hat und sie nur diese eine Kindheit erleben können. Sie sind die Gestalter dieser kurzen Kindheit, sie können mächtige Zauberer oder gelangweilte Mütter sein. Auf alle Fälle sind es die Kinder, die die Welt immer wieder neu erfinden, für sich und für alle, die sich intensiv um sie kümmern.

2.
Das Kind ist auf der Welt und soll gleich fort?

Das Kind ist auf der Welt und so sehr das Mutterherz sich sträuben mag, das Bündel drängt sich in ihr Leben und wirft alles vorher Dagewesene einstweilen über den Haufen. Es braucht die Mutter, ohne sie ist es nichts. Auch das Büro mag sie brauchen, aber nicht so existentiell. Die Frage ist, braucht sie das Büro mehr als das Kind? Ist sie fröhlicher draußen im Büro mit den Kollegen, an der Kaffeemaschine, oder ist sie zufriedener hier bei dem neuen Säugling? Die Antwort erinnert allzu oft an Pu Bär. Gefragt, ob er lieber Honig oder Kondensmilch auf seinem Brot möge, antwortet Winnie: „Am liebsten beides, aber das Brot kannst du weglassen!" Mit oder ohne Brot, anders als Pu ist die junge Mutter keine Erfindung und ihr Säugling ist auch höchst real. Sie muss sich entscheiden: Kind oder Job – zumindest in den ersten Wochen oder Monaten.

Das war nicht immer so. Es gab Zeiten, denen nur wenige hinterhertrauern, da gab sie den Beruf auf, ganz gleich wie großartig der war. Dann gab es eine Übergangszeit, in der wir immer noch stecken, da Frauen Auszeiten nahmen und später in die Teilzeit gingen. Auch dies ist nicht sehr befriedigend. Die ganze schöne, interessante Berufswelt – all das soll man aufgeben, nur weil ein kleines kreischendes Bündel so hilflos ist? Je mehr und besser Frauen ausgebildet wurden, desto lauter ertönte der Ruf nach Einrichtungen für die aushäusige Pflege der Kleinsten. Die haben im Deutschen den schönen Namen Krippe. Das ruft Erinnerungen wach an das biblische Kind in der Krippe. Das freilich wurde nicht ausgelagert und anderen anvertraut. Trotzdem soll es die Krippe sein, am besten für viele klitzekleine Kinder. Weil so eine Krippe die Mutter von den lästigen Aufgaben, die so ein kleines Kind schafft, befreit und fortan berufliche Erfüllung garantiert, gilt diese Pflegeform als die beste Lösung für kleine Menschen.

Doch woher weiß man, dass diese Lösung nicht nur für Erwachsene, sondern auch für die Kleinen angenehm ist? Wir Erwachsenen gehen ja nicht in die Krippe, sondern es sind Kinder zwischen null und drei Jahren. Hat man sie je gefragt? Haben sie etwas zu sagen bei der Entscheidung, sie aus ihrem Heim auszulagern und für sechs bis zehn Stunden mit anderen kleinen Menschen und ein paar fremden Pflegern in fremder Umgebung unterzubringen? Die Debatte um den Nutzen und die Schönheit von Krippen wird als intellektueller sozialwissenschaftlicher Diskurs geführt, ganz so als handelte es sich bei den „Benutzern" nicht um hilflose, echte und sehr kleine lebendige Kinder.

Die Fragen, die auftauchen, sind erwachsene Fragen: Hat die Krippe gute Langzeiteffekte? Sind Kinder aus der Krippe auf Dauer kommunikativer, verbal gewandter, kognitiv versierter, früher lernbereit, bestimmter? Ist die Krippe gut für die Sprachbildung, insbesondere von Einwandererkindern? Ist die Bindungstheorie Unsinn und frühkindliche Sozialisation in? Geben die statistischen Daten was her und wenn ja, was?

Die Debatte, die ja nicht nur in den Medien, sondern auch in den sozialwissenschaftlichen Zentralorganen tobt, ist stets ergebnisorientiert: Krippenkinder können dieses besser, jenes früher, anderes lauter oder überzeugender als die bei der Mutter gebliebenen Gleichaltrigen. „Mein Kind war seit der achten Woche in der Krippe und sehen Sie, sie hat ein sehr gutes Abitur gemacht." Oder: „Mein Sohn ist mit knapp 18 schon Rhodes Scholar in Oxford gewesen." Und natürlich war auch dieses Wunderkind schon ab der zweiten Woche ein glücklicher Bewohner des Krippenplaneten. Mit derlei Anekdoten werden allerdings kaum Beweise für Wirksamkeit oder Schädlichkeit von Krippenerziehung erbracht.

Man braucht nur das Wort „Krippe" durch „Prügel" ersetzen und sieht, in welch merkwürdige Richtung Ergebnisorientierung führen kann. „Mein Kind hat stets Ohrfeigen bekommen und ein tolles Abitur gemacht." Ist damit der Beweis für die Unbedenklichkeit der Ohrfeigentherapie erbracht? Der berühmte Charles

Maurice Talleyrand hatte eine furchtbare Kleinkindheit. Eine durchschnittliche Krippe heutiger Bauart wäre vermutlich ein Erholungsheim verglichen mit den Entbehrungen, die dieses Fürstenkind zwischen null und vier Jahren in der Fremdpflege erlebte. Doch seht her, was aus ihm geworden ist: Nicht einmal die physische Behinderung hat ihn an einer glanzvollen Karriere gehindert! Sollten wir daraus den Schluss ziehen: Gelobt sei, was hart macht? Talleyrand zog daraus einen anderen Schluss. Nicht nur schloss er sich eng an seine Großmutter an, die der erste Mensch war, der ihm Nähe gewährte, er kümmerte sich auch rührend, vernarrt und nachhaltig um sein (außereheliches) erstes Kind, den kleinen Grafen Flahaut.

Die meist amerikanischen Studien, die immer wieder fragmentarisch durch die Feuilletons und Politikseiten gehen, sind vielfältig interpretierbar. Eines scheint sich freilich mit einiger Regelmäßigkeit abzuzeichnen: Gruppenpflege ist für Jungen problematischer als für Mädchen. Über das richtige Alter, mit dem man Kinder in Krippen geben kann, schwanken die Angaben der Forscher zwischen frühestens 26 Wochen und 18 bis 24 Monaten. Recht einheitlich wird die Obergrenze des Aufenthalts von Kleinstkindern mit 20, maximal 30 Stunden pro Woche angegeben. Auch zeichnet sich ab, dass gewisse Verhaltensauffälligkeiten eher bei den Kindern zu beobachten sind, die schon sehr früh sehr viele Stunden in Krippen verbrachten.

Interessanterweise werden die Studien meistens umgehend negativ („ganz schlecht für die Kinder“) von eher konservativen Vertretern und positiv von Fortschrittlichen interpretiert: „Schadet überhaupt nicht. Kinder müssen gar nicht nur von Müttern aufgezogen werden.“ Das stimmt zwar, nur brauchen die Kleinen dann einen Mutter-Ersatz, an den sie sich ausschließlich binden können. Das kann eine liebevolle Kinderfrau sein. Stets wechselnde Au-pair-Mädchen aus der Ukraine und der Inneren Mongolei sowie das ebenso wechselanfällige Personal in vielen Krippen sind eher ungeeignet.

Nun gibt es ein historisches Beispiel, das auch den enthusiastischsten Befürworter der aushäusigen Kinderpflege nachdenklich stimmen sollte: die Kibbuz-Praxis, Kinder von den Eltern zu trennen. Die Kibbuz-Bewegung war Israels sozialistisches Aufbruchmodell. Alles wurde im Kibbuz geteilt, die Arbeit, die Erträge, die Pflichten und die Kinder. Sie „gehörten" nicht den Eltern, sondern sich selbst. Sie landeten ziemlich schnell nach der Geburt, getrennt von den Eltern, im Kinderhaus. Das war praktisch, und doch hatten viele Mütter damit ihre Probleme. Keiner nannte sie Rabenmütter, trotzdem wären die meisten von ihnen mit den Kleinsten gern öfter und länger zusammen gewesen, auch auf Kosten ihrer Arbeit. Die Eltern-Kind-Trennung wurde nach der Untersuchung Bruno Bettelheims (*„Children of the Dream"*) zurückgefahren: Sie war ein Irrweg.

Im Frühjahr 2007 brach über Deutschland die Knut-Hysterie aus. Es war eine niedliche Hysterie, denn Knut war ein tapsiger kleiner weißer Eisbär, der von seiner Mutter verstoßen und von einem Tierpfleger mit der Flasche am Leben gehalten worden war. Die menschliche Ersatzmutter des Tierkindes musste sogar aus wohlverdienten Ferien zurückkehren, weil Knut den Pfleger überall schnüffelnd vermisste. Das verstand jeder Knut-Liebhaber – so klein durfte man doch ein Tierchen nicht allein lassen. Indes war Knut natürlich nicht allein, er war in der Pflege anderer, neuer Bezugspersonen gelassen worden. Das reichte ihm nur nicht. Weil sich seine Entzugserscheinungen so deutlich vor den Augen der Menschen abspielten, konnte das jeder mit viel Sympathie begleiten. Kleine Menschen sind zwar meist auch sehr niedlich, pflegen aber mit zehn Wochen noch nicht herumzutapsen. Kann man sie deshalb ruhig früher in Fremdpflege geben? Elefantenbabys sterben sogar häufig, wenn sie nach dem Tod der Mutter nicht sehr schnell eine zuverlässige Ersatzmutter bekommen; jeden Tag eine andere tröstet das Elefantenkind nicht. In der Wildnis übrigens würde sich die Eisbärmutter etwa zwei Jahre um ihren Nachwuchs kümmern. Das wäre freilich auch etwa die Spanne, die die meisten Frühpädagogen, Psychologen, Ärzte und Hirnforscher für kleine Menschen empfehlen.

Das neugeborene Menschenkind gerät anders als das Tierkind in die Falle zwischen dem, was gut für es ist und dem, was gut für seine Mutter ist. Es ist ganz verständlich, dass manche junge Mutter von dem Einerlei der Kinderaufzucht bisweilen gelangweilt und/oder überfordert ist. Die Kette von sich wiederholenden Tätigkeiten würde sie gerne unterbrechen. Wer freilich sein Kind täglich für sechs bis zehn Stunden in der Krippe abgibt, unterbricht nicht, sondern lagert aus. „Keiner muss 24 Stunden sein Kind betreuen", lesen wir dann defensiv von den Krippenfreunden. Nun, auch die hingebungsvollste Mutter sitzt nicht 24 Stunden auf ihrem Kind. Gnädigerweise schlafen Babys eine ganze Menge, wenn auch nicht immer in einem Stück. Es gibt also immer genug Raum, um sich anderen Dingen zu widmen, sich sogar fortzubilden.

Warum haben die meisten Eltern in den meisten Kulturen das Gefühl, dass sie sich zumindest im ersten Jahr nicht von ihrem Kind trennen wollen? Weil sie seine Anhänglichkeit spüren, weil sie es schlicht für zu jung halten, um schon aus dem Haus gegeben zu werden? In Indien wird so ein Säugling nicht einmal in ein eigenes Bett gezwungen. Ein Baby, das ständig morgens aus seinem Bettchen gerissen wird, weil die Mutter es um sieben Uhr in der Krippe abliefern muss, um pünktlich an ihrem Arbeitsplatz zu erscheinen, erlebt den morgendlichen Ablauf täglich als Stress. Würden wir das nicht auch tun? Jeden Tag zu Zeiten, die anderen sinnvoll erscheinen, aus dem Schlaf gerissen, gefüttert, hin- und hergefahren, angezogen, abgeholt zu werden ist ein anstrengender Vorgang. Jeden Morgen erst am Hals und Busen der Mutter zu ruhen und zu riechen, um eine Stunde später auf anderen Armen und in anderen Betten zu landen, das kann nicht einfach sein. Aber die Säuglinge reden ja nicht, sie schreien ja nur. Das geübte Eltern- oder Mutterohr hört ziemlich genau, was die Schreie bedeuten, doch wer sieben oder acht Schreihälsen zuhören soll, wird da nicht mehr differenzieren.

Nehmen wir die Mutter von Zwillingen, die mit zwei Säuglingen sehr gut beschäftigt und bisweilen sogar überlastet ist. Die Mutter von Drillingen schafft das Pensum schon gar nicht mehr allein. Die Erzieherin in der Krippe soll locker fünf und mehr Kinder schaffen? Machen Mehrlingsmütter irgendetwas falsch, sind sie einfach nur unfähig oder warum sind sie ständig erschöpft?

Jeder, der einmal länger in einer Krippe war, kennt das Bild des in der Ecke hockenden Kleinkindes mit Triefnase und roten Backen: Ein Infekt bahnt sich an, der kleine Kerl fühlt sich miserabel und ruft weinend aus seiner Ecke: „Mami, Mami!" Die kommt aber erst in sechs Stunden um ihn abzuholen. Was macht die Erzieherin in dieser Situation?

Kümmert sie sich mütterlich um ihn, wie sie es sollte, muss sie drei, fünf, sieben andere, ähnlich kleine Kinder vernachlässigen, die auch alle einen Anspruch auf Zuwendung, Bindung, Trost haben. Die Rede ist hier nicht von Kindergartenkindern, sondern von Kleinkindern, die gar nicht oder erst sehr wenig sprechen können, die liegen oder krabbeln, oft noch nicht laufen.

Es ist längst erwiesen, dass Fremdpflege das Kleinkind nicht verdirbt. Doch die qualifizierende Dauer wird gern ignoriert. Es geht nicht um die drei Stunden, in denen die Nachbarin über das schlafende Kind wacht, oder die zwei Stunden, die die Oberschülerin von nebenan das Kind durch den Park fährt. Auch die Großmutter, die jeden Vormittag ihr Enkelkind betreut, wird der Entwicklung des Kleinkindes keinen Schaden zufügen. Doch die institutionalisierte Fremdpflege in der Krippe hat wenig mit der liebevollen Großmutter gemein. Die zuverlässige Bindung, die ein Kleinkind aufbauen muss, wird mit dem meisten Krippenpersonal selten hergestellt werden können.

Wassilios Fthenakis, bis 2005 Direktor des Staatsinstituts für Frühpädagogik (IFP) meint: „Niemals vor 18 Monaten in die Krippe." Um das zu erreichen, plädiert er für ein einheitliches Elterngeld für alle Eltern, 18 Monate lang. Genug Zeit, ein liebendes Band zwischen Eltern und Kindern zu knüpfen, das so fest ist, dass sie spätere Fremdbetreuung nicht greifen kann, ohne sich auf die primäre familiale Erziehung zu beziehen. Genug Zeit auch, um die richtige aushäusige Betreuung und Pflege für das Kind zu finden.

3.
Mütter zuerst!

Es sind selten Männer, die Mütter beschimpfen oder madig machen. Frauen hingegen können gnadenlos urteilen: Rabenmutter, das ist die Karrieresau, die ihr Kind vernachlässig. Hausfrau, das ist das Heimchen, das in die KKK-Seligkeit zurückdriftet. Dieses ebenso beliebte wie stereotype Gegensatzpaar hat sich in den letzten Jahren gut etabliert. Frauen, die sich dramatisch als Rabenmütter outen und andere, die sich ebenso dramatisch als stillende Vollmütter darstellen, haben ihren Teil zur Zementierung dieser schlichten Verkürzung eines modernen Problems beigetragen. Vorurteile schaffen sich die Fakten selber, die kaum jemand überprüft.

Auch wenn fortschrittliche Geister in der Familie gern den Hort sämtlichen Elends sehen und uns die Aufzucht des Nachwuchses im außerfamiliären Rahmen schmackhaft machen wollen, die Statistik ist nicht auf ihrer Seite. Kinder aus intakten (nicht Friede-Freude-Eierkuchen-) Familien haben trotz der Belästigung durch die Fürsorge von Mutter und Vater die besseren Karten im Leben. Die Kinder aus Ein-Eltern-Familien mögen ohne große Probleme aufwachsen, aber sie haben eine fünfmal höhere Chance arm zu sein als die Kinder, die mit beiden biologischen Eltern leben. Sie werden mit größerer Wahrscheinlichkeit zu *drop outs* und zeigen häufiger Verhaltensstörungen und psychische Auffälligkeiten. Die Kinder, die ohne Vater groß wurden, haben (außer Halbwaisen, da für sie der tote Vater meist positiv präsent bleibt) die heftigsten Probleme. Ist es da verwunderlich, dass immer noch eine große Anzahl junger oder alter Mütter es vorzieht, ihren Kindern zumindest in den ersten Lebensjahren ein sichereres Zuhause zu bieten?

In der Diskussion über den Ausbau der Krippen wird fast nur über die Mütter geredet. Von den Bedürfnissen der Kinder ist in der öffentlichen Debatte selten die Rede. Stattdessen überwiegt das Gezänk zwischen Rabenmüttern und Heimchen, Familienschützern und solchen, die die Auflösung der Familie propagieren oder nur hinnehmen. Die einen sind die Egoisten, denen es nur um ihre eigene Glücksmaximierung geht, die anderen sind die ewig Gestrigen, die auf dem Familienaltar die feministische Befreiung freiwillig opfern.

Mütter sind Frauen mit Kind. Frauen ohne Kind können sich ohne Hemmungen und Beschränkungen auf dem Arbeitsmarkt tummeln. Mütter indes erleben Einschränkungen. Die große Freiheit ist einstweilen vorbei, wenn sie das Kind in die Welt gesetzt haben. Sie müssen stillen, sie müssen wickeln, sie müssen sich sorgen, sie tragen Verantwortung und sie schlafen zu wenig. Doch wer bekommt ein Kind, um es nach wenigen Wochen in eine Krippe zu geben? Jeder, der sich einen Hund anschafft, um ihn anschließend in die Hundepension zu bringen, würde von Tierfreunden als unmenschlich gebrandmarkt. Mit einem Kind soll es aber gehen?

Die Arbeit einer Mutter wird in unserer Gesellschaft nicht wirklich geachtet, sie gilt als nicht besonders relevant. Die stolze Mutter kennen wir nur noch als eine, die stolz auf die Superleistungen ihres Kindes ist. Nicht als eine, die Selbstbewusstsein aus ihrer Erziehungs- und Familienarbeit zieht. Als vor vielen Jahren die Abiturientin F. ihre sehr kluge Mutter, die vor ihrer Ehe ein beruflich vielfältiges und interessantes Leben geführt hatte, fragte, ob sie nicht manchmal bedauere, sich nicht so wie der Vater verwirklicht zu haben, antwortete die Mutter mit voller Überzeugung: „Meine Kinder sind meine Werke." Das war kein Bekenntnis zur Küchenglückseligkeit, sondern zu dem spannenden Projekt, vier Töchter zu interessanten Menschen erzogen zu haben, die alle studierten, die alle einen Beruf ergriffen und die alle später sehr hingebungsvolle Mütter wurden und ihre Berufe irgendwann wieder aufnahmen.

Den Mutterberuf zumindest für eine Reihe von Jahren als Erfüllung zu beschreiben, trauen sich die meisten Frauen gar nicht mehr. Dabei wissen wir aus Umfragen, dass sich die Mehrheit der Mütter eine bessere Anerkennung ihrer Arbeit wünscht. Dass die Mutter für ihre Kinder lebt und dies nicht als Opfer, sondern als Bereicherung empfindet, gilt als eher merkwürdig und unzeitgemäß. Nur selten hört man öffentlich, dass Kinder ein Glück sind für ihre Mütter und Väter, für ihre Familien, für die Gesellschaft.

Das Kind taucht in der Krippen-Debatte hauptsächlich auf als Berufshindernis und Karrierebremse, die der Mutter alle Aufstiegschancen zunichte macht. So als würden alle Frauen, die Mütter werden, ihre Hoffnungen auf Vorstandsposten und Nobelpreise vernichtet sehen. Die meisten Frauen forschen weder in der Teilchenphysik noch in der Molekularbiologie, die meisten Frauen sind auch nicht Ärztinnen oder Anwältinnen, die meisten Frauen (wie übrigens die meisten Männer auch) haben keine Karrieren, sondern Berufe wie die der MTA oder Sachbearbeiterin oder Jobs wie die der Fabrikarbeiterin oder Reinigungskraft, die man ruhig mal ein zwei Jahre aussetzen könnte, ohne gleich ins Karriereloch zu fallen.

Selten nur werden Modelle diskutiert, die Mutterschaft und Berufstätigkeit in vernünftigen Einklang bringen. So, als gälte nur das Alles-oder-Nichts-Modell, das wir doch bei den Vätern immer so verdammt haben. Warum will die Politik, warum die Wirtschaft, warum wollen die Frauen unbedingt das männliche Arbeitsmodell duplizieren? Aus Gleichheitswahn? Männer kriegen keine Kinder, Männer stillen auch nicht. Männer gehen nicht in Vaterschutz, ganz gleich wie engagiert sie mit zur Schwangerschaftsgymnastik gerannt sind. Am Tag nach der Geburt gehen sie ins Büro oder nehmen Urlaub, Schutz erhalten sie nicht. In vielen Umfragen wird immer wieder deutlich, dass Mütter am liebsten viel Mutter sein möchten und Teilzeit arbeiten wollen. Freilich funktioniert das nur, wenn die Teilzeitjobs nicht als Karrierekiller empfunden oder gestaltet werden und die Mütter solche 80-, 60- oder 50-Prozent-Jobs auch wirklich vorfinden.

Solange die schnelle Rückkehr der Mutter an den Arbeitsplatz als wichtiger gilt als der Schutz ihres Kindes, hat dieses Kind keine guten Aussichten, behütet zu werden. Wo bleibt unser oft beschworener Schutz der Schwachen? Sind denn Babys nicht das Schwächste, was es gibt, total auf uns als Beschützer ihres fragilen Lebens angewiesen? Und für die Kleinsten ist nicht jede Pflege gleich gut, es geht nicht nur um saubere Windeln, warme Fläschchen und frische Möhren.

Es geht um unsere eigenen Kinder. Wenn wir ihnen schon in den ersten Lebensmonaten und Jahren mitteilen, dass sie uns weniger wert sind als unsere Arbeit, warum sollen sie uns irgendwann in 40 Jahren gern besuchen? „Ihr habt uns, als wir hilflos waren, in die Krippe gesteckt, jetzt stecken wir euch ins Heim, wenn ihr hilflos seid", könnten sie argumentieren. Eine schöne Reziprozität haben wir uns da eingebrockt! Und die Kinder können uns mit den selben Phrasen begegnen, die wir heute benutzen, um uns und ihnen die Krippe schön zu reden: „Altersheim ist doch viel besser als allein zu Hause zu hocken, so viel Anregung durch Gleichaltrige ist gut fürs Gehirn, es gibt regelmäßig Essen, frische Wäsche, Ausfahrten im Rollstuhl und ein Aquarium steht auch noch im Foyer."

Die Politik sollte um der Zukunft der Kinder willen einen Rahmen schaffen, der alle Eltern, mal den Vater, mal die Mutter, in die Lage versetzt, die ersten 18 Monate oder zwei Jahre bei ihren Kindern zu bleiben. Er sollte Voraussetzungen dafür schaffen, dass die an der Armutsgrenze lebende Alleinerziehende nicht gezwungen ist, arbeiten zu gehen, während die gut versorgte, gut ausgebildete Ehefrau selbstverständlich bei ihrem Kind bleiben kann. Die Klassenschere tut sich hier bereits erschreckend auf.

Die PISA Studie hat neben den mittelmäßigen Leistungen deutscher Schüler vor allem die soziale Ungerechtigkeit unseres Systems offengelegt. Die Festschreibung von Herkunft auf Zukunft ist in keinem anderen Land der OECD so gravierend. Wer das ändern will, muss nicht die Hauptschule abschaffen, sondern die Familien mit sehr kleinen Kindern stärken, finanziell, mit Rat und

Tat von kundigen Personen und anschließend mit der Sicherung einer großen Flexibilität auf dem Arbeitsmarkt.

Die Kinder brauchen Zeit, unsere Zeit, im Anfang besonders die der Mütter und schon bald auch die der Väter, die den signifikanten Dritten im Bunde ausmachen. Nicht die Kinder müssen sich uns und unseren beruflichen Gelüsten anpassen, sondern wir haben die Pflicht, ihnen einen guten Start zu verschaffen. Wenn sie auf die Welt kommen, schulden wir ihnen alles, sie uns noch nichts.

Aber es gibt Mütter, denen die Mutterschaft nicht so viel bedeutet wie ihr Beruf, wird dann eingeworfen. Sie sind erfüllter am Arbeitsplatz und können sich ein tägliches Leben mit Kind nicht ersprießlich vorstellen. Solche Mütter müssen und sollen nicht auf ihre Arbeit verzichten, sie müssen freilich für vollwertige Ersatzmütter sorgen, die dem Kind das Gefühl von Geborgenheit und Gewolltsein vermitteln und eine sichere Bindung ermöglichen.

„Remember!" schrieb eine irische Kindergartenlehrerin in Washington unter jeden handgeschriebenen Elternbrief, *„All your children need is roots and wings."* Alles, was die Kinder brauchen sind Wurzeln, um zu wissen, wo sie hingehören, wer sie verlässlich liebt und beschützt. Die Flügel, um sich aufzuschwingen, sie wachsen dann fast automatisch. Jedes Mal zeichnete diese kluge Vorschulerzieherin ein kleines Wurzelwerk, aus dem die Flügel emporwuchsen. Es braucht so wenig, aber das wenige braucht Zeit. Es ist an der Zeit, keine Zeit mehr mit der Rabenmutter-Heimchen-Kontroverse zu verlieren und die gewonnen Zeit lieber den Kindern aller Mütter zu schenken.

„Mit Kindern", sagt Bill Murray versonnen zu seiner jungen Zufallsbekanntschaft in dem Film „Lost in Translation", „ist dein Leben nie wieder wie zuvor. Sie sind die höchste Freude, die dir je begegnen wird." Aus Vorfreude auf diese Freude kriegen die meisten Frauen immer noch ihre Kinder, egal ob sie hinterher halbtags, ganztags oder vorübergehend gar nicht berufstätig sind.

4.
Von der vermeintlichen Selbständigkeit kleiner Kinder

Es gilt als fortschrittlich, sich das Baby und Kleinkind nicht nur als intelligenter als früher üblich, sondern auch als selbständiger vorzustellen. Die Selbständigkeit wird dann gerne als Grund angeführt, wie bereit es für die Krippe oder andere Fremdbetreuung ist. Mütter, die es vorziehen, die ersten ein bis zwei Jahre mit ihrem Kind zu verbringen, gelten als notorische Verhinderinnen der Selbständigkeit ihres Kindes. Das 20. Jahrhundert, das einst als das Jahrhundert des Kindes beschrieben wurde, weil es die Kinderarbeit abschaffte und die meisten Kinder bis in höhere Teenagerjahre schulisch bildet, hat in seinen letzten Dekaden – und im 21. Jahrhundert ist das ungebrochen – begonnen, die entdeckte Kindheit wieder einzubüßen.

Gleichzeitig gestresste und überehrgeizige Eltern ruinieren ihren kleinen Kindern das Leben. Das eilige Kind, das schon mit einem Jahr am liebsten in Jeans und Rockerjacke gesteckt wird, hat gar keine Zeit mehr, ein Baby zu sein. „Strampler sind doch was für Babys", sagte die Mutter eines elf Monate alten Krabbelkindes empört zur Verkäuferin. Elf Monate alt – und kein Baby mehr? Lernen sollen sie. Es reicht nicht, dass sie Stück um Stück die Signale ihrer Liebsten entschlüsseln, dass sie den Geschmack von Karotten oder Spinat unterscheiden lernen, dass sie lernen, einen Löffel zu halten oder an der Schnur ihrer Spieluhr zu ziehen. Für die Entdeckung der Welt brauchen Babys ihren Vater, ihre Mutter, ihre Großeltern, Geschwister – oder auch eine zuverlässige Kinderfrau, aber gewisslich keinen Wettkampf in der Krabbelgruppe. Wer kann's schneller, früher, besser? Babys sind nicht für Konkurrenz gemacht.

Ein Baby ist nie reif und bereit für die Situation des Klassenzimmers, auch wenn man es Babyraum oder Kleinkindzimmer nennen mag. Es ist in den ersten drei Monaten angewiesen auf die eins zu eins Pflegeliebezuwendung – meistens (und immer noch) durch die Mutter oder Ersatzmutter. Um den dritten Monat herum merken Babys langsam, dass sie losgelöst sind von der Mutter oder anderen Personen, auf die sie total angewiesen sind. Nur hochsensible und nachhaltige Verfügbarkeit kann sie vor der Angst bewahren, dass sie verlassen werden könnten. In dieser Phase wird das Baby lernen, all die Menschen, die in seinem kleinen Leben eine Rolle spielen, auseinanderzuhalten und zu begreifen, was es von jedem einzelnen erwarten kann, um die Reaktionen herauszukitzeln, die es haben will. Bleibt die erwartete Reaktion aus, ist das Baby erst verwirrt und dann traurig. Seine Kompetenz, die Interaktion mit seiner Mutter oder einem anderen wohlbekannten Betreuer kontrollieren zu können, wird unerwartet in Frage gestellt: Und das löst Unglück aus. Erwachsenen geht es nicht anders, wenn sie auf unerwartete Reaktionen stoßen. Freilich können Erwachsene ihr Erstaunen oder ihre Verletztheit verbalisieren, das Baby aber wird weinen oder schreien. Nur wenn das Baby gewisse Aspekte des Verhaltens seiner erwachsenen Betreuer entziffern und kontrollieren kann, wird es Vertrauen in seine Kommunikationsfähigkeit aufbauen können.

Um ihre Kommunikationsfertigkeiten zu üben, setzen die meisten Babys alles daran, ob ein halbes oder ein ganzes Jahr alt, die geliebte Mutter oder Ersatzmutter in ihren wachen Stunden um sich zu haben. Das gelingt ihnen ziemlich oft. Und sie müssen sicher sein, dass ihre Schreie, ihr Wimmern, Weinen, Quengeln die geliebten Menschen sofort wieder auf den Plan bringt.

Schaden nehmen die Kleinen dann, wenn ihr Vertrauen auf die Rückkehr zutiefst erschüttert wird. Beobachten kann man das in Krippen und sogar in Kindergärten, wenn Kinder unkontrolliert zu weinen beginnen. Das geschieht nicht etwa nur, weil sie Mutter vermissen, sondern auch weil sie noch keinen entsprechenden Ersatz gefunden haben, mit dem sie eine entspannte Kommunikation haben können. Der Personalwechsel in Krippen ist darum besonders schädlich für die Kleinsten.

Babys können Fremde durchaus aushalten und gutmütig ertragen, aber ein Stafettenlauf von Fremden überfordert sie, weil ihre Identität mit der Bindungsperson zusammenhängt. Der Fremde schadet nicht, solange die Mutter in der Nähe ist, der Fremde kann auf diese Weise zum guten Bekannten für das Baby werden. Doch jeden Tag ein neuer Fremder oder jede Woche eine neue Praktikantin in der Krippe – das wären dann zu viele nicht mehr so gute Bekannte.

Gewiss, es gibt keine Liste, mit Hilfe derer man die Sicherheit der Bindung abarbeiten kann, aber eine Mutter muss kein Kontrollfreak sein, um zu erahnen, dass ihr Baby keine Möglichkeit hat zu wissen, dass sie wiederkommt, wenn sie ihr Kind in fremden Armen zurücklässt. „Er/sie wird sich schon dran gewöhnen" oder „Er/sie war sehr traurig, aber das war nach acht Wochen vorbei", danach wird zwar oft genug gehandelt, eine gute Idee für die ersten zwölf bis 18 Monate ist es sicherlich nicht. Im ersten Jahr brauchen Babys diese eine verlässliche Person. Ein Wunder ist das nicht, schließlich kriegen Menschen normalerweise keinen Wurf von Kindern, sondern ein einzelnes Kind. Frauen könnten bestenfalls zwei Kinder zur gleichen Zeit stillen oder füttern und wie schwer selbst das ist, davon kann jede Zwillingsmutter ein Lied singen. „Kinder sind abhängig von Eltern oder deren Vertretern, nicht nur, um ihren Selbstwert zu erhalten, sondern um ihn aufzubauen. „Babys stückeln ihr Selbstbild zusammen aus den Myriaden von Reflektionen ihrer selbst, die sie in den Augen der Erwachsenen auf sie wahrnehmen", notiert Penelope Leach. Wenn sie keine Reaktionen spüren, können sie sich selbst nicht spüren. Sie gieren also nicht nur hedonistisch nach Aufmerksamkeit, sie brauchen sie existenziell.

Die Krippen-Erzieherin, die sich im Idealfall um drei Kleinstkinder zu kümmern hat, kann nicht einem Baby die Flasche geben, ein anderes, das gerade aufwacht, trösten und einem dritten, das seinen Schnuller verloren hat, diesen wieder finden helfen. Warten schadet nichts, heißt es dann schnell. Nur: Das drei Monate alte Baby kann nicht warten und Appelle an seine Geduld, wie sie vielleicht bei einem Dreijährigen fruchten, führen zu nichts außer Geschrei. Und nur in der besten Krippe teilen sich drei Kinder eine Pflegerin, im Normalfall sind es vermutlich fünf oder gar sieben und mehr.

Irgendwann freilich erhebt sich das Baby und wird zum Kleinkind, es läuft herum, spricht ein wenig und äußert seinen Willen mit Sätzen wie „Nein, weg! oder „'leine machen!" Da wird dann schnell interpretiert, dass er/sie nun bereit ist, sich von der Mutter zu lösen. Doch die aufstampfende Selbständigkeit des Kleinkindes ist so unsicher wie sein Schritt. „Geh weg!", heißt „Geh, aber nicht mehr als einen Meter", „'leine" heißt dann „Lass es mich allein versuchen, aber lass mich nicht frustriert stehen, wenn es nicht gelingt". Der Wunsch, es allein zu können und allein zu machen, wird gleichzeitig begleitet von dem Wunsch, sich wieder in die Arme fallen lassen zu können. Kleinkinder leben auf einer emotionalen Achterbahn zwischen Baby und Kind: Vorwärts – rückwärts, Neugierde – Sicherheit ist ihr Motto. Bedingungslose Liebe ist für den kleinen Wüterich so unabdingbar wie für das hilflose Baby, mit dem Unterschied, dass vom Kleinkind langsam soziales Verhalten verlangt werden muss. Das sollte vorsichtig und zart geschehen, das Kleinkind soll nicht überfordert werden, sondern voranschreiten können und zurückfallen dürfen, wenn es gewissermaßen Angst vor der eigenen Courage bekommt.

Ein Baby oder Kleinkind, das sich langweilt, egal ob mit der Mutter/dem Vater oder einem anderen Erwachsenen, langweilt sich nicht mit Erwachsenen, sondern will neue Anregungen erleben, andere Tätigkeiten kennen lernen. Ein Kleinkind findet andere Kinder spannend und mag in der Nähe anderer Kleinkinder spielen, das heißt aber nicht, dass er/sie schon richtige Freundschaften aufbauen will oder kann. Das kleine Kind braucht für sein Tun die Unterstützung und Hinwendung von erwachsenen Betreuern. Die Gruppe, insbesondere eine Gruppe anderer Kleinkinder, die eigentlich auch alle den einzelnen vertrauten Erwachsenen brauchen, sind kein Ersatz und stürzen das Kleinkind in eine Art Konkurrenzkampf, den es noch gar nicht aushält.

Es könne keinen Zweifel geben, meint auch Liselotte Ahnert vom Institut für Entwicklungsförderung und -diagnostik der Universität Köln, dass es für kleine Kinder eine Herausforderung ist, sich über weite Strecken des Tages in einer Gruppe zu behaupten.

Die meisten Kinder schaffen das gut mit drei Jahren, davor bedeutet es viel Stress. Lernen sollen sie, ihre Schaufel nicht dem nächsten über den Kopf zu hauen oder die Förmchen nicht eifersüchtig zu bewachen. Doch in der Übergangszeit zwischen Kleinkind und Kindergartenkind lernen sie das vermutlich stressfreier in informellen Situationen, in denen sie andere Kinder mit ihren Betreuern treffen, kennen lernen und mit ihnen spielen können.

Die Idee, den Kindern einen Vorsprung zu verschaffen, wenn man sie ein Jahr früher in eine dem Kindergarten ähnliche Institution bringt, ist der allgemeinen Eile geschuldet, mit der man die Kinder so schnell wie möglich groß haben will.

Diese Eile erscheint besonders widersprüchlich, da unser Leben, verglichen mit dem früherer Generationen, nahezu ewig währt. Schon in den 90er Jahren haben Untersuchungen in USA ergeben, dass die Zeit, die Eltern mit ihren Kindern verbringen um zehn Stunden pro Woche zurückgegangen ist. Doch so selbstständig und autonom, wie es sich die gehetzten Eltern wünschen, ist das Kleinkind nicht. Es bedarf der Anleitung, Führung und Liebe und das in vielen wachen Stunden. Wenn Eltern den kleinen Kindern wirklich ein Geschenk machen wollen, dann sollten sie ihnen Zeit schenken. Zeit, die sie mit geliebten Menschen verbringen, Zeit zum Trödeln, Zeit zum Schauen, Zeit zum Träumen und auch Zeit zum Lernen. Dabei beschenken sich die Eltern selbst, sie lernen ihr Kind besser kennen und damit entwickelt sich auch ihr Verständnis für ihren Job als Eltern, Väter und Mütter.

Wer in den ersten Jahren viel Verantwortung abgibt und viel zu früh auf die angebliche kindliche Selbständigkeit setzt, wird in späteren Jahren, wenn aus den Kleinkindern Schulkinder geworden sind, nicht mehr viel zu sagen haben. Er und/oder sie wird sich einreihen in die Masse verwirrter und entscheidungsarmer oder entscheidungsunfähiger Erwachsener, die hilflos den

Klassenlehrer beknien: „Tun Sie was, mein Sohn raucht!" In einer Studie aus dem Jahr 1996 mit 20.000 Teenagern zog Laurence Steinberg den Schluss, dass derart abgekoppelte Eltern der Grund dafür seien, dass man in den Schulen eine größere Anzahl an schwierigen und indifferenten Schülern erlebe. Das viel zu früh zur Selbständigkeit gedrängte Kleinkind wird sich von Erwachsenen wenig sagen lassen, weder auf der Straße noch in der Schule und schon gar nicht zuhause. Aus „Vater hat immer Recht!" ist „das Kind weiß Bescheid und hat Recht" geworden. Ein Fortschritt ist das wohl kaum, wenn man den Anstieg der Kriminalität bei immer jüngeren Kindern betrachtet.

Was hat das mit dem selbständigen Kleinkind zu tun? Nun, „alles ist kumulativ" wie Jürgen Baumert vom Max-Planck-Institut für Bildungsforschung stets erklärt: Alles wird unten, das heißt in geringen Jahren angerührt – mit null, mit einem und mit zwei Jahren.

5.
Kinder sind unprofessionell

Ein Herr mit Handy am Ohr verschwand laut redend im Herrenklo des Flughafens. Da er laut sprach, wurde schnell klar, dass er nicht mit seiner Frau redete, sondern mit einem Büro. Vielleicht fädelte er auch gerade einen Deal ein. Klogeräusche bei der Arbeit, geht das? Offenbar geht alles, solange es nicht Haushalt, Küche und Kindergeschrei signalisiert. Heimarbeiter, ob sie nun freie Journalisten oder Anwältinnen sind, kennen das Gefühl absoluter Panik, wenn sie ein berufliches Gespräch annehmen, gleichzeitig ihrem Zweijährigen die Windeln wechseln und so tun müssen, als säßen sie in einem klinisch reinen Büro. Dem Kind wird die Höchststrafe angedroht, falls es auch nur muckst.

Wir haben das gesamte häusliche Terrain mit einem Bann belegt, darum tun Männer und Frauen, die von zu Hause arbeiten auch immer so, als wären sie ganz woanders. Es arbeiten natürlich viel mehr Frauen und Mütter zuhause als Männer und Väter. Es ist auch allgemein bekannt, warum viele Frauen zuhause arbeiten – weil sie so gleichzeitig ihre Kinder betreuen können. Und doch spielen alle bei diesem Spielchen mit, als gäbe es weder Windeln noch Rotznasen.

Kinder sind Teil unseres Lebens, warum tun wir dann ständig so als gäbe es sie nicht? Wo steht geschrieben, dass man nur ein vollwertiger Profi ist, wenn man von den Kindern nichts spürt? Jeder weiß, dass Kinder etliche Infekte bis zur Einschulung durchlaufen müssen, also müssen sie dann und wann zuhause bleiben und ihre Krankheit auskurieren. Kleine Kinder kann man natürlich nicht allein lassen, also muss man ganz unprofessionell die Termine für den Tag absagen oder andere Kollegen bitten, die Termine zu übernehmen. Versteht doch jeder! Leider nicht, am Arbeitsplatz kann eine Mutter mit Verständnis kaum rechnen.

Im steifen 19. Jahrhundert galt für Kinder der Spruch: Kinder darf man sehen, aber nicht hören. Im ganz unsteifen 21. Jahrhundert fänden die meisten Erwachsenen das immer noch sehr passend. Kindergärten und Schulen werden regelmäßig mit Klagen wegen Lärmbelästigung überzogen. Kinder sollen hier nicht spielen, dort nicht Ball werfen, mittags nicht schreien, abends nicht durch die Wohnung laufen und allgemein unsichtbar und vor allem unhörbar sein. Dazu passt, dass der Lebensraum der Kinder immer mehr beschnitten wurde. Parks und kleine Spielplätze wurden zu Parkplätzen, Bürgersteige haben eher Platz für Gestühl, das die Sushi- und Capuccinofans zum Verweilen einlädt als für Kinder, die Seifenkistenrennen veranstalten oder Frisbeekonkurrenzen austragen.

Wir tun für unsere Kinder nicht, was wir sollten. Sonntags beschwören wir sie als unsere Zukunft, montags sind sie dann wieder lästig. Kinder kosten Zeit, Kinder kosten Geld, Kinder kosten Geduld und Kinder brauchen unser Verständnis. Wir sind ihre Eltern, ihre Väter und Mütter, wir wollten sie – meistens zumindest – das zieht Verantwortung für ihr Schicksal nach sich. Es ist schwer einsehbar, warum das schwächste Glied in der Kette den höchsten Preis zahlen soll. Nur weil sie sich nicht wehren können, dürfen wir den kleinen Menschen auch alles zumuten?

„Es muss nicht die Mutter sein", titelte die WELT in einer Serie, die „Unser Kind" hieß. Na gut, denkt sich da die verzweifelte Single-Mutter, dann kann ich ja Eric oder Caroline schnellstens in die Krippe geben und mich in den so nötigen Broterwerb stürzen. Falsch, sagt da der Entwicklungspsychologe, das Kleinstkind braucht eine sichere Bezugsperson und nicht den fliegenden Wechsel mehrerer Personen. „Es muss sogar noch nicht einmal die Mutter sein", sagt Susanne Viernickel, Frühpädagogin. „Es kommt darauf an, wer mit dem Kind am meisten zu tun hat, wer es versorgt, wer kontinuierlich da ist, wer auf seine Bedürfnisse reagiert." In der Tat, wenn die Mutter zehn bis zwölf Stunden dem Erwerbsleben widmet, wird eine Kinderfrau oder eine Krippenerzieherin diese Person sein müssen.

Als der Tierpfleger Thomas Dörflein nach 118 Tagen aufopferungsvoller Rund-um-die-Uhr-Pflege das schlafende Eisbärbaby Knut verließ und in die Ferien fuhr, fand Knut das gar nicht komisch. Kaum erwacht, irrte Knut schreiend umher, suchte seine Ersatzmutter überall und fand sie nicht. Der Pfleger kehrte nach 36 Stunden reumütig wieder ins Bärengehege zurück. Als der kleine Bär ihn sah, schoss er auf ihn zu, schleckte ihn zehn Minuten lang ab und nuckelte an seiner Hand. Der Pfleger weiß sehr genau, dass er ein Raubtier großzieht, und doch sagt er: „Aber noch ist er ein Baby, und ich bin seine Mama." Er wisse genau, was los sei, wenn Knut weine, ob er müde sei, einsam, oder Hunger habe. „Das weiß doch jede Mutter", ist sein schlichter Beweis.

„So große Sehnsucht", titelte BILD in Riesenlettern verständnisvoll. Das sehnsüchtige, weinende Kind indes, dass allmorgendlich – ganz gleich wie nett die Krippenfrau, wie hübsch die Inneneinrichtung der Krippe ist – nicht von Mutters Arm herunter will, das soll sich gewöhnen. Mit ihm leidet nicht die Nation, nicht die Presse. Verständnis fühlt allein die Mutter, der der Kummer des Babys das Herz zerreißt. Doch die Arbeit ruft, sie muss, sie soll sich trennen.

6.
Die Zeitarmut

„Montag geht gar nicht, auch abends verplant wegen Arbeitsgruppe. Dienstag Videokonferenz und Planungsgruppe. Mittwoch Seminar und Gruppenbesprechung, endlich mal abends mit den Kindern, rabenschwarzes Gewissen, Donnerstag Treffen in F., Vortrag halten, abends Planungsgruppe, Freitag vormittags frei, kann ich endlich zum Friseur, nachmittags Treffen mit dem Boss, abends muss ich endlich Zeit für meinen Mann haben, sonst reißt der mir den Kopf ab, Samstag alle Kinder und Patenonkel von Nummer eins, da geht nichts mehr außer Haus. Sonntag hätte ich eine Stunde, wenn die Kinder auf einem Ausflug sind." Das ist die gedrängte und ganz und gar typische Woche einer mehrfachen Mutter und Analystin.

Wir werden in Zukunft bis 67 arbeiten, wir werden alle 80 oder auch noch älter, und doch behaupten wir, nicht genug Zeit zu haben, um den kleinsten Kindern zwei Jahre zu schenken. Unsere Karriere läuft uns weg, wir verpassen den Anschluss an was auch immer, wir haben die Zeit nicht, schon gar nicht jetzt. Was hält uns auf? „Das Leben dauert immer länger, die Gedanken werden immer kürzer", wundert sich der Physiker Haim Harari.

Wo fehlen den Müttern und Vätern die Stunden? Sie fehlen überall, es handelt sich eben nicht nur um die arbeitsbedingte Zeit, die sie nicht bei den Kindern sind. Elternschaft ist ein 24-Stunden-Job, da geht es nicht nur um Frühstück und Gute-Nacht-Kuss, sondern um Arztbesuche, Schwimmunterricht, Schulaufführungen, Lehrersprechstunden, Kindergeburtstage. Es geht eben nicht nur um die Zeitverteilung an den Rändern, sondern um ganze Tage und ganze Nächte.

Wer durchbrochene Nächte hat und morgens um sechs, bevor die Kinder aufwachen, seine E-mails abarbeitet, läuft die meiste

Zeit, und das für eine Reihe von Jahren, am Limit. „Man glaubt gar nicht, wer alles morgens um sechs im Netz unterwegs ist, alles berufstätige Frauen mit Kindern", berichtete voller Staunen eine Mutter. Wer spricht eigentlich von dem ewigen Schlafdefizit der berufstätigen Mütter? Wir reden nicht von ausschlafen, wir reden nur von durchschlafen, spotten gebeutelte Mutter-Arbeiterinnen mit letzter Kraft. Schlaf hat Sex längst als Phantasiegebilde der Frauen ersetzt. Wenn berufstätige Mütter kleiner Kinder überhaupt noch Zeit für Tagträume haben, dann träumen sie in Sitzungen, Besprechungen, auf Dienstreisen oder Konferenzen von unendlichen Stunden ununterbrochenen Schlafs. Diese Frauen sind keine geborenen Spaßbremsen, sie befinden sich nur in einem Zyklus aus Schlafmangel und Arbeitsüberfluss, der sie ruhebedürftig macht. In Arlie Hochschilds Buch „Die zweite Schicht" sprechen diese Mütter von Schlaf wie Hungernde vom Essen oder Junkies vom nächsten Schuss. Für professionell gepolte Frauen ist in den Babyjahren die sprichwörtliche Glasdecke oft das Heim selbst. Fitnessclubs rücken in weite Ferne, Teestunden mit der besten Freundin ohnehin, kulturelle Betätigungen werden aufs Minimum reduziert, gelesen wird nur noch Fachliteratur, Tolstoi muss warten.

„*You can have it all!*", der Schlachtruf der Feministinnen, ist als Phrase entlarvt. Der Preis für alles ist hoch und den höchsten Preis zahlen die sehr kleinen Kinder. Schenkt ihnen Zeit! Je mehr Zeit man den kleinen Kindern schenkt, desto mehr Liebe kommt zurück – manchmal gleich, aber eines Tages bestimmt. Als Brenda Barnes ihren Zwei-Millionen-Job als CEO von Pepsi Cola North America 1997/8 aufgab, tat sie es, weil sie mehr Zeit für ihre Kinder haben wollte. Sie war lange genug bei Pepsico auf der Karriereleiter heraufgeklettert, es war keine Laune, sie hatte begriffen, was die Arbeit wert war. Ihre Kinder hatten ihr unumwunden erklärt: „Du kannst gern weiter arbeiten, wenn du versprichst, zu all unseren Geburtstagen zuhause zu sein." Sie versprach es und ging nach Hause. Ein männlicher Unternehmer kommentierte diesen Schritt im Wall Street Journal: „Die Wahrheit ist doch, und niemand will sie aussprechen oder drucken, dass viele dieser Jobs einfach Mist und viele Anforderungen einfach schrecklich sind. Eines Tages kommt man von einem transkontinentalen oder transatlantischen Flug zurück, todmüde und kaputt und sagt sich: Ich will diesen Mist nicht mehr."

Die Zeit, die Brenda Barnes sonst auf Flügen oder in Konferenzräumen verbrachte, verbrachte sie fortan ein paar Jahre lang lieber mit ihren Kindern. Seit 2005 ist sie längst wieder CEO, die Kinder sind groß, ihrer Karriere hat die Auszeit nicht geschadet, aber die nationale Debatte über den Druck, dem Frauen heute ausgesetzt sind, wenn sie Familie und Karriere austarieren müssen, hat sie angestoßen. Brenda Barnes ist nicht vorübergehend ausgestiegen, weil sie kein Kindermädchen hatte oder die örtliche Krippe oder der Kindergarten geschlossen waren. Ihre Kinder hatten nicht nach mehr Kita gerufen, sie hatten nach mehr Mutter geschrien. Diese Kinder waren alt genug, die Zeit der Mutter einzufordern, ein Säugling kann das nicht, hat aber mindestens so heftige Bedürfnisse nach Mutterliebe wie die älteren Geschwister. In der Krippe kann er zwar versorgt werden, aber geliebt werden, wie es einem Baby zwischen null und mindestens zwei zusteht, wird er dort eher nicht.

Die Krippe kann immer nur eine Ergänzung sein, für die voll arbeitende Mutter wird sie aber notgedrungen zum Ersatz. Die Idee, dass erstklassige Tagespflege die Frauen von den Kindern befreit und für die Wirtschaft fit macht, hat nicht mit den Frauen gerechnet. Ganz ohne das deutsche Gerede von Rabenmüttern legen auch amerikanische oder englische Mütter ein großes Misstrauen gegenüber Tageskrippen für die Allerkleinsten an den Tag. (Auch die gerühmten Schweden ziehen in den ersten zwei Jahren die Tagesmutter der Krippe vor.) Ganz gleich, welche Forschungsergebnisse gerade herumgereicht, welche Versicherungen gegeben werden, die Mutter, die in der Früh ihr Kind auf die Nasenspitze oder die Stirn küsst, um sich in ihren Job zu verabschieden, wird das quälende Gefühl nicht los: Das, was das Kind am meisten braucht und vermisst, ist sie selbst.

Keiner will das Problem der Kinderpflege klein reden, für viele arbeitende Mütter ist es sehr real und oft ein Albtraum, aber ist es auch das Problem Nummer eins? Die Lösungen von mehr und besseren Krippen, zu Elternzeit und Frei-Zeiten für Arztbesuche oder zur Betreuung kranker Kinder laborieren alle unter der merkwürdigen Annahme, dass Mütter mehr Hilfe brauchen, um im Arbeitsmarkt zu bleiben als mehr Hilfe, um Zeit mit ihren Kindern verbringen zu können. Ist das Problem Nummer eins nicht vielleicht, dass kleinste Kinder fremden Menschen anvertraut werden und die Mütter das auch noch gutheißen sollen? Der stets wohlfeil zitierte Spruch „Es braucht ein ganzes Dorf, um ein Kind großzuziehen" unterschlägt die wichtigste Prämisse, dass das Dorf der Zusatz, gewissermaßen die Sahne auf dem Kuchen ist, die Mütter und Väter aber die Bezugspersonen sind, die das Grundvertrauen und die Grundsicherheit schaffen.

Manche finden oft bereits die Erwägung, dass Mütter sich um ihre Kinder kümmern möchten, abwegig, sexistisch und im schlimmsten Fall elitär. Bei reichen Frauen wie Brenda Barnes nennen sie es einfach „Luxus", so als wäre das Kümmern um die eigenen Kinder ein Accessoire wie eine Cartier Uhr oder die Mitgliedschaft im Golfclub. Wir reden von ein paar kurzen zwei bis maximal drei Jahren, und das soll Luxus sein? Wir haben ein Problem, wenn die Mütter von kleinen und kleinsten Kindern glauben, sie hätten keine Wahl, sie müssten arbeiten. Wenn nur die gut ausgebildeten und gut verdienenden und verheirateten Mütter es sich leisten, in ihrem Beruf auszusetzen, öffnet sich die Klassenschere auch hier.

Linda Hirshman, eine der aggressiveren Feministinnen in USA, argumentiert in ihrem *„Manifesto for Women of the World"* gegen das Ausscheiden von Müttern aus dem Arbeitsmarkt, „weil die Teilhabe am öffentlichen Leben den Frauen erlaubt, ihre Talente zu nutzen und mächtigen Einfluss auf die Gesellschaft zu nehmen." Auf die nächste Generation Zeit zu verschwenden und sie liebevoll zu erziehen, bedarf nach dieser Logik keines Talents und schafft auch keinen Einfluss. Schlimmer noch, Hirshman weiß: „Nachdem sie einmal ausgeschieden sind, können sie ihr früheres Einkommen und vorherigen Status nicht wieder erlangen." Das klingt als wären die Frauen, die um ihrer Kinder willen für ein paar Jahre aussetzen, für den Arbeitsmarkt verloren. Der Arbeitsmarkt indes ist nicht in Beton gegossen, sondern kann recht flexibel reagieren, insbesondere auch auf die Bedürfnisse der Frauen, wenn sie etwas können, was gebraucht wird.

Da gibt es längst Partnerinnen in Anwaltskanzleien, die nicht mehr ganztägig mit Überstunden schuften, sondern nur vier Tage arbeiten. Sie bekommen weniger Geld, aber die einzige Frage, die professionell zählt, ist: Sind die Klienten zufrieden? Emotional ist der Gewinn freilich außerordentlich. Weil die Kinder glücklicher sind, ist die Mutter glücklicher und am Ende ist auch die Kanzlei Gewinner. Die glücklichere, zufriedenere Mutter, die ihren Kindern mehr Zeit schenkt und damit auch sich selbst beschenkt, liefert in der Firma bessere Arbeit ab, weil ihr Familienleben entspannter geworden ist.

Zeit ist vorhanden, weil sich die Lebenserwartung und die Lebensarbeitszeit verlängert haben. Wenn die jungen (deutschen) Frauen nach kürzerer Gymnasialzeit und strafferem Studium in Zukunft eher ins Berufsleben treten, bekommen sie auch ihre Kinder früher und können gut und gern zwei oder drei Jahre ihren Kindern schenken, ohne in Panik über all die verpassten Chancen zu geraten. Wenn sie diese Zeit noch mit den Vätern teilen, sind die Kinder doppelte Gewinner.

7.
Quality Time

„Wenn eine Rabenmutter eine ist, die nicht 24 Stunden am Tag nur um ihr Kind kreist, dann bin ich gern eine", outete sich Graziella Rossello, Rechtsanwältin und Mutter zweier Söhne von zwei und vier Jahren im STERN. Raben sind ganz gute Eltern und haben den schlechten Ruf ganz zu Unrecht. Auch in anderen Ländern gibt es „Rabenmütter", Frauen, die einem Tag im Büro den Vorzug geben vor einem im Kinderzimmer und andere Mütter, die das nicht gut heißen. Nur heißen sie in den USA oder Holland nicht so. Der Wunsch, sich dauerhaft dem Beruf und weniger den Kindern zu widmen, ist keine deutsche Erfindung, nur die Bezeichnung ist es. Indes geht es bei guter Elternschaft nicht darum, 24 Stunden auf den Kindern zu hocken, sondern um die zuverlässige, liebevolle Verfügbarkeit mindestens einer Bezugsperson für die Allerkleinsten in ihren ersten Lebensjahren.

In ihrem Film *„This is my Life"* lässt Nora Ephron ihre Heldin, eine geschiedene Mutter, die ganze frustrierende Wahrheit über Zeit und Kinder herausschreien. Ihre Töchter protestieren gegen ihren Traumjob. Die Kinder, tröstet der Freund, werden es schon irgendwann verstehen: „Du musstest reisen. Das ist Teil deiner Arbeit. Schau, Kinder sind glücklich, wenn ihre Mutter glücklich sind." „Sind sie nicht", schießt die Mutter zurück: „Jeder sagt das, aber es ist nicht wahr. Kinder sind glücklich, wenn man da ist. Gib Kindern die Wahl zwischen der Mutter, die im Nebenzimmer kurz vorm Selbstmord steht, und der Mutter, die in Hawai bestens gelaunt ist… Sie wählen die Mutter mit der Selbstmordattacke…" Kinder wollen oft gar nichts Bestimmtes, eben kein Auf-ihnen-Hocken, sie wollen nur, dass Mutter oder Vater da sind. Das ist wie eine Rückversicherung.

Nun haben manche berufstätige Mütter, um ihrer Dauerabwesenheit doch etwas Positives abzugewinnen, vor vielen Jahren in Amerika ein Konzept entdeckt, das den griffigen Titel *Quality Time,* Qualitätszeit, erhielt. Gemeint ist damit die Zeitspanne, in der die Mutter mit dem Kind durch nichts Nebensächliches unterbrochene Zeit von Angesicht zu Angesicht verbringt. Das führte zu bisweilen absurden Situationen, vor allem für die Kinder, die im Allgemeinen einen anderen Rhythmus haben als die Erwachsenen: Die Mutter kommt gegen sieben Uhr aus dem Büro, stürzt sich auf ihr Kleinkind, will kuscheln, schmusen, gurren und derlei mehr, was Mütter halt so machen. Ihr Baby ist jedoch bereits in der Ermüdungsphase und fängt nach anfänglichem Entzücken ziemlich bald an zu quengeln.

Was ist das Problem mit dem Konzept? Die Qualitätszeit wird einseitig festgelegt: Ich habe jetzt Zeit, für dich da zu sein, also soll dir das jetzt auch ein Bedürfnis sein, es hat dir zu gefallen. Das Baby oder Kleinkind hat nichts zu bestimmen, seine Gefühle werden gar nicht abgefragt.

Erfahrene Mütter ahnten von Anbeginn, dass in diesem Konzept der Wurm steckt, denn sie wussten, dass die Herrlichkeiten, die sie im Alltag mit ihren Kindern erleben, selten auf Knopfdruck passierten. Sie geschehen irgendwann, irgendwo, beiläufig, unstrukturiert und ungeplant. Der Schokoladenkuss, der zwar die Bluse oder die Krawatte ruiniert, aber von so viel Kinderliebe erfüllt ist, der viel zu kurz abgepflückte Wiesenblumenstrauß, der der Mutter mit einem „Für dich!“ entgegengereckt wird, das geschieht spontan.

Häufig kommen diese Glücksmomente, die auch mal eine ganze Stunde dauern können, wenn man am wenigsten mit ihnen rechnet. Mutter sitzt am Steuer, Kleinkind festgezurrt auf dem Rücksitz. Und es entspinnt sich spontan ein Gespräch, das auf dem Teppich oder Sofa mit einem „So, ich hab jetzt Zeit, erzähl mal was“, nie hätte entstehen können. Die berühmte englische Entwicklungspsychologin Penelope Leach drückte einmal großes Bedauern über den Verlust der heimischen Küche aus. „Beim gemeinsamen Kochen – einer rührt, eine schnippelt, einer zupft oder rollt – entwickeln sich die schönsten Gespräche, weil man gemeinsam etwas tut und sich dabei gar nicht anschauen muss."

Qualität in menschlichen Beziehungen kommt aus der Mannigfaltigkeit der Begegnungen. Es gäbe kaum Scheidungen, wenn das Quality-Time-Konzept wasserdicht wäre. Frau und Mann würden ganz einfach täglich oder wöchentlich ein paar Stunden für die Qualität bereithalten und sonst ihrer Wege gehen – und bingo, die Qualitätsehe wäre geboren.

Jedes Baby oder Kleinkind, das den größten Teil seiner wachen Stunden mit einer Kinderfrau verbringt, hat um sieben Uhr abends auf die Mutter nicht die Lust, die die Mutter auf das Baby hat. Ihre Tagesläufe sind gegenläufig. Je leitender der Job der Mutter, desto heftiger kann die Quality Time auf Minuten oder gar Telefonate zusammenschmelzen. Frauen haben stets geklagt, dass ihre Kinder zuweilen die Väter kaum oder gerade noch für einen Gute-Nacht-Kuss sehen. Ist diese Klage hinfällig, weil beide Eltern jetzt die Kinder nur noch im Pyjama oder schlafend erleben?

„Meine Kinder sind das Wichtigste in meinem Leben", behaupten allen Ernstes auch Mütter, die Ihre Kinder tagelang nicht sehen und sogar eine zweite Nanny für die Wochenenden anstellen, da sie und ihre ebenso hochtourigen Ehemänner übervolle Terminkalender haben. In der Zeitschrift „Savvy" wurde schon vor 20 Jahren eine New Yorker Gynäkologin gefeiert, die einen dreijährigen Sohn und neugeborene Zwillinge hatte, die sie eine Woche nach der Geburt in Obhut einer Nanny gab, um ihre üblichen Zehn- bis Zwölf-Stunden-Tage plus Bereitschaftsdienst nachts und an Wochenenden abzureißen. „Die Kinder sehen mich oder beide von uns (der Ehemann war ein Rechtsanwalt) manchmal einen ganzen Tag nicht, nur selten sind es zwei aufeinander folgende Tage", tröstete sie. Sie empfand die viele Zeit, die sie von den Kindern getrennt war, nicht als Problem: „Wenn ich Abende oder Wochenenden mit meinen Kindern verbringe, habe ich so viel von ihnen, dass ich gar nicht verstehen kann wie Mütter ganze Tage und Nächte mit ihren Kindern verbringen können." Diese Frau, die keine Kontinuität mit ihren Kindern brauchte, vermisste sie nur bei ihren Patienten .Wenn sie dienstfrei war und diese ihre Kinder kriegten: „Ich finde es enttäuschend, wenn ich neun Monate mit einer Patientin verbracht habe und dann ihre Geburt verpasse.“ Die vielen Überraschungen, die sie bei ihren Kindern verpasste, grämten sie nicht im mindesten.

Nun wird das häusliche Leben mit einem Kleinkind gern als ödes, gar verblödendes Einerlei beschrieben, eine Kette von langweiligen, sinnentleerten, den Geist kaum fordernden Tätigkeiten, die bestenfalls Kinderfrauen und anderen dienstbaren Geistern zuzumuten seien. Da bei solch langweiliger Arbeit Frauen nur frustriert sein können, ist es ganz klar, dass sie ihren Frust vermutlich an den armen Kindern auslassen. So entstehen dann schiefe Statements, wie das von dem Frühkindexperten und Fernseh-Moderatoren Ulrich Wickert in einer Talkshow geäußerte: „Zwei Stunden Quality Time sind doch viel besser als zwölf Stunden mit einer gefrusteten oder gelangweilten Mutter.“ Klar, zwei intensive Stunden mit dem Ehemann sind bestimmt lustiger als zwölf langweilige Stunden mit demselben Mann. Indes, wer lebt schon in einem solchen Entweder – Oder?

Mit kleinen Kindern gleichen keine zwei Tage einander. Einen Tag läuft alles herrlich, die Mutter/der Vater kann sogar ein wenig arbeiten oder ein Buch lesen, den nächsten Tag wird viel geschrieen und wenig geschlafen. Vom Aufstehen bis zum Schlafenlegen des Babys oder Kleinkindes passiert höchst Unterschiedliches: Baden, Wickeln, Stillen, Ausfahren, Singen, Spielen und Reden, Reden, Reden. Die Fingerchen werden gezählt, die Zehen danach, die Augen, die Ohren, die Nase, der Mund werden in Reime gegossen. Das An- und Auskleiden wird zum Spiel und täglich wiederholt zum Ritual. Die Spieluhr erklingt, das Mobile tanzt, die Katze räkelt sich, die Blumen nicken, der Vogel auf dem Sims guckt – jeden Tag wird ein Universum entdeckt. Und bei allem sitzt der Erziehungsberechtigte immer in der ersten Reihe und wird auch noch mit einem Lächeln belohnt.

Immer wieder zeigt sich das Glück: „Franz ist das Beste, was mir in meinem Leben passiert ist“, erklärte die Schriftstellerin

Jenny Erpenbeck in einem Interview mit der FAS (06.03.05). „Besser als Bücher?“, fragte der verdutzte Redakteur. „Sie haben keine Kinder, oder?“, schoss die Schriftstellerin zurück. „So ein Kind ist schon was Grundsätzliches. Leute, die wegen ihrer Karriere darauf verzichten, kann ich nicht verstehen. Es gibt nichts Schöneres... Klar freue ich mich über meine Bücher, aber mit einem Kind, das ist so, als ob man die ganze Zeit total verknallt wäre.“

Die Kindheit ist einmalig, man kann sich und dem Kind post festum keine zweite kaufen. „Wieso wollten die Leute denn sonst Kinder, wenn sie sie gar nicht sehen?“, rätselte der Londoner Kinder- und Jugendpsychiater Sebastian Kraemer. Und die Tennis-Millionärin Stephanie Graf antwortete kurz und knapp auf die Reporterfrage, warum sie denn ihre Kinder nicht bei einer Nanny parke: „Wenn ich keine Zeit für meine Kinder hätte, dann hätte ich keine.“ Das Leben mit dem Kleinkind dauert ja nur zwei, drei Jahre. Wenn Mann und Frau es sich teilen, können beide viel gewinnen. Haben sie das Kind mit einer Grundsicherheit ausgerüstet, ist es dann tatsächlich bereit, in die Welt zu gehen. Kein Kind wird ewig gewickelt, kein Kind hat ewig Koliken, kein Kind spuckt oder schreit ständig, jedes Kind hat irgendwann die Windeln los, ist kommunikativ und bereit, sich für andere Bezugspersonen und die weite Welt zu öffnen.

Vielleicht wäre es an der Zeit, mit dem Gejammer über die verlorenen Berufsjahre aufzuhören. Viele reden immer nur von Opfer, wenige von dem Gewinn, den ein kleines Kind schafft. Schließlich ist auch ein Arbeitstag in der Batteriefabrik oder in der Lackiererei nicht nur prickelnd, selbst der Arbeitstag in der Investmentbank, beim Unternehmensberater oder in der Redaktion hat seine Längen, Wiederholungen und hirntoten Stunden. Wer das Hausfrauenghetto für eine Einöde hält, hat wohl noch nie in einem Großbetrieb gearbeitet. Wenigstens ist die junge Mutter nicht fremdbestimmt und hat eine eindeutige Verantwortung. Müttergruppen, Spielgruppen und Frauennetzwerke helfen überdies den Frauen, ihre vermeintliche Langeweile zumindest zu begrenzen.

Quality Time ist das Konzept, das von denselben Leuten schön geredet wird, die auch Scheidungen für die Kinder gut finden. „Jetzt, wo wir nicht mehr streiten, geht es den Kindern viel besser“, wird beruhigend behauptet. In Wahrheit geht es der Mutter oder dem Vater besser, und dann kann es den Kindern gefälligst auch nicht schlecht gehen. Wenn die Frau den ganzen Tag berufstätig ist, wird das automatisch in einen Gewinn für das Kind umgemünzt. Bisweilen hat man fast den Eindruck, die Frauen gehen nur arbeiten, um für die zwei Stunden Quality Time besser gerüstet zu sein. Für Anregung und Förderung des armen Kleinkinds könnte sonst kaum garantiert werden.

Wo bleibt die Qualität, wenn die ermattete Mutter am späten Nachmittag oder frühen Abend ihr ebenso ermattetes Kind aus der Krippe abholt? Das Kind ist nach einem Acht-Stunden-Tag mit ein oder zwei Jahren komplett überfordert und zu qualitätsvollem Austausch kaum mehr in der Lage. Auf jedem Spielplatz kann man beobachten, wie die Kinder in den großen Bollerwagen sich schon am frühen Nachmittag gegenseitig mit ihrer müden Weinerlichkeit anstecken. Wenn dann noch ein oder zwei Mütter oder Väter kommen, um das eine oder andere Kleinkind aus der Gruppe zu lösen, ist es auch um die Fassung der anderen geschehen. Heimweh ist dann angesagt.

Wo ist die Quality Time für die Mutter, wo für das Kind, wenn die übertüchtige Mutter kurz nach der Geburt wieder ihren rasenden Alltag aufnimmt, aber nach dem Motto *„You can do it all“* bei Auswärtsterminen einen Kurierservice anruft, der ihre abgepumpte Milch binnen zwei Stunden in ihre Heimatstadt befördert. Arbeitet sie in ihrer Stadt, reichen dafür Fahrradkuriere. Diese phänomenale Wundermutter geisterte vor ein paar Jahren durch die englischsprachigen Zeitungen. Hat diese tüchtige Arbeitsbiene vielleicht nicht verstanden, dass Stillen nicht nur medizinisch ratsam ist, sondern vor allem emotional Mutter und Kind aneinander bindet? Geruch, Ruhe, Stimme und die körperwarme Milch nicht aus der Flasche, sondern aus der Brust gesaugt – das ist ein Gesamtkunstwerk der Natur. Mit regelmäßig abgepumpter Milch wird Pflichterfüllung demonstriert, Mütterlichkeit aber nur simuliert.

Christa D. war früher Richterin in Berlin. Sie hat fünf Kinder erzogen und immer ihren Beruf ausgeübt. Im ZEIT-Magazin sagte sie schon vor 20 Jahren: „Ich weiß noch immer nicht, wie berufstätige Frauen es schaffen, Kinder kindgerecht großzuziehen." Quality Time als Konzept, erst recht, wenn man mehr als ein Kind hat, bleibt ein Konstrukt. Christa D. hatte einen Vorschlag: „Dann muss man eben eine mütterliche Frau einstellen, die 15 Jahre lang bleibt und notfalls auch noch als Großmutter fungieren kann." Freilich hatte die vielfache Mutter auch beobachtet: „Das wollen viele Mütter aber nicht. Wenn sich die Ärmchen der anderen entgegen recken, wenn die Sonne der anderen scheint, dann werden sie eifersüchtig."

Jede Begegnung mit dem eigenen Kind hat Qualität, nur wer sich einlässt und immer wieder mit seinem Kind in Liebe kommuniziert, wird einen kleinen Menschen mit sicherer Bindung erziehen. Das braucht Zeit und Geduld. Zeitarmut der Eltern, insbesondere für die Kleinsten, führt geradewegs zu den großen Problemen unserer älteren Kinder.

8.
Was ist mit der Bindung?

Die Bindung zwischen Mutter und Kind fängt nicht erst bei der Geburt an. Wenn das Baby auf die Welt kommt, hat die Mutter schon eine neunmonatige vorgeburtliche Bindung an ihr Kind, eine lange Geschichte von Ängsten, Wünschen, Hoffnungen, Phantasien hinter sich. Hält sie dann das Kind schließlich im Arm, ist sie (meistens) überwältigt von Glück und Gefühlen, die größer sind als alles, was sie vorher erlebt hat.

„Das Einzige, was man in Elternkursen nicht lehren kann, ist, wie unglaublich tief man für sein Baby empfindet. Man weiß einfach nichts von der unbeschreiblichen Tiefe und Kraft der Bindung, die einem den Magen umdreht, nichts über die Sorge und die Liebe", diktierte die englische Entwicklungspsychologin und Bestsellerautorin („Die ersten Jahre deines Kindes") und Mutter von zwei Kindern, Penelope Leach, einer „Newsweek"-Reporterin aufs Band. „Es ist diese tiefe Bindung, die den Leuten die sorgsam geplante Rückkehr in den Beruf und längst organisierte Tagesbetreuung durcheinander bringt." Das Leitprinzip dieser Bindungstheoretikerin lautet, Babys und Kleinkinder können gar nicht genug andauernde Nähe mit ihrer Mutter haben und brauchen Betreuer, die als Ersatz dienen, wann immer die Mutter nicht verfügbar ist.

„Normalerweise hat ein Kind im Alltagsleben eine Bindungsperson, die für das Kind Schutz und Sicherheit gewährleistet", erklärt Bindungsforscher Karl Heinz Brisch, Oberarzt an der Kinderklinik im Dr. von Haunerschen Kinderspital der LMU in München. „In der Regel sind dies Mutter oder Vater, vielleicht auch die Großmutter oder eine Tagesmutter. Wann immer das Kind Angst hat oder sich erschreckt, würde es diese Bindungsperson aufsuchen, dort erfährt es durch Körperkontakt Schutz und Sicherheit und das Erregungssystem, das Herzklopfen verursacht, Stress-Hormone ausschüttet und Alarm schlägt, wird sich dann ganz rasch wieder beruhigen." Weil so viele Eltern selber ohne sichere Bindung groß wurden, hat Brisch ein Trainingsprogramm zur Förderung einer sicheren Bindung zwischen Eltern und Kind gegründet. SAFE – „Sichere Ausbildung für Eltern" – ist ein Modellprojekt, das sich an Eltern ab der 25. Schwangerschaftswoche wendet und sie durch das erste Lebensjahr des Kindes mit Seminaren, Einzelgesprächen und Beratung begleitet.

Die Bindungstheorie, die von John Bowlby 1969 entwickelt und später von Mary Ainsworth und anderen wie D. W. Winnicott ausgebaut wurde, stellt fest, dass es ein biologisch angelegtes Bindungssystem gibt, dass die Jungen dazu veranlasst, im Moment der Gefahr bei erfahrenen Artgenossen, bei Älteren und Eltern Schutz zu suchen. Die Angst auslösende Bedrohung kann von außen kommen – und zum Beispiel durch Reizüberflutung verursacht sein, aber auch von innen rühren, aus Krankheit, Schmerz, Kummer. Es sind Erfahrungen und Empfindungen, die man nicht selber entschärfen kann. In frühester Kindheit ist das ziemlich häufig der Fall. Um Hilfe und Schutz in diesen Situationen von der Mutter zu erhalten, entwickelt der Säugling schon früh Strategien, die die Pflegeperson ansprechen. So wird die Pflegeperson zur Bindungsperson. Die Trennung von ihr stellt die größte Gefahr dar, die Bindungsverhalten wie Quengeln, Klammern, Schreien nach sich zieht. Bowlby hat stets betont, dass in Phasen der größten Abhängigkeit, also während der frühen Kindheit (aber auch im hohen Alter), die Aktivierung von Bindungsverhalten am höchsten ist.

So vielfältig und breit auch die Bindungen zwischen Kindern und Eltern beziehungsweise Schutzsuchenden und Schutzgebenden sein mögen, wurden letztlich nur eine sichere und eine unsichere Bindung unterschieden. Letztere zeigt drei spezifische Muster: unsicher-vermeidend, unsicher-ambivalent und desorientiert beziehungsweise desorganisiert. Das sichere Bindungsmuster ist, wonach die verantwortungsbewussten Schutzgebenden für ihre Schutzbefohlenen streben. Der Tierpfleger/die Ersatzmutter des Eisbärbabys Knut hat das mit seinem Verhalten wie in einem Lehrfilm „Bindungstheorie für Anfänger" vorgemacht, die meisten Eltern sind tagtäglich im Bonding Business. Das ist kein Humbug. Das Verhalten unsicher gebundener Kinder zeigt erschütternd deutlich, wie wichtig Bindung zu einer Person ist. Wann ein Kind so sicher gebunden ist, dass es in die Welt bzw. die Krippe spazieren kann, ist sicherlich nicht auf Tag, Monat und Jahr festzulegen. Doch haben Entwicklungspsychologie und Neurophysiologie uns mittlerweile so viele Daten an die Hand gegeben, das wir ungefähr wissen, wann lieber noch gewartet werden soll und wann das Kind grundsätzlich bereit und in der Lage ist, das schützende Nest für eine Anzahl von Stunden zu verlassen.

Gegner einer frühkindlichen Fremdbetreuung hätten die Theorie heftig für ihre Zwecke instrumentalisiert, behauptete Iris Radisch in der ZEIT (01.03.2007). Was soll das heißen? Nur weil Krippengegner der Bindungstheorie eine gewisse Wahrheit zusprechen, muss die Theorie ja nicht falsch sein. Auch Bindungstheoretiker sagen nicht, dass nur die Mutter die einzige Bindungsperson bleiben soll, sie sind meistens nur gegen die frühe Institutionalisierung der Kleinkinder, weil die nötige Bindung der Kleinsten an ihre Betreuer sich aus Gründen des Personalmangels und -wechsels kaum festigen kann. Unumstritten ist wohl bei Gegnern wie Befürwortern der Krippen, dass jedes Kind als erstes eine sichere Bindung zu Mutter und Vater braucht. Sichere Bindung freilich ist kein Klassenziel, das in acht Wochen (Dauer des Mutterschutzes) zu erreichen ist, vielleicht ist die Trennung nach zwölf Monaten vertretbar, vielleicht auch erst nach zwei Jahren.

Da sämtliche amerikanische Studien, die sich mit den Auswirkungen der Tagesbetreuung auf Kleinkinder befassen, stets zu dem Schluss kommen, dass der Einfluss elterlicher Erziehung größer ist als der der Fremdbetreuung, sollte man denken, dass ein längerer Aufenthalt des Babys in der Obhut der Eltern/Mütter auch eine tiefere Bindung ermöglicht. Wenn Krippenbefürworter wie Wassilios Fthenakis einen Krippenbesuch vor dem 18. Monat nicht empfehlen, liegt das sicherlich auch an der Einsicht, dass das sichere Kind das Kind ist, das von der Krippenerziehung am meisten profitiert. Und so bestätigt denn auch die Studie *„How much is too much?“* („Wie viel ist zu viel?“) aus dem Jahre 2005 von Soziologen aus Stanford und der University of California, dass die kognitiven Fertigkeiten am größten sind, wenn die Kinder zwischen zwei und drei Jahren in die Krippe eintreten. Dazu passt das Ergebnis: Je früher und länger ein Kind in die Krippe geht, desto langsamer ist seine soziale Entwicklung. Der drei Monate alte Säugling, der sich die Aufmerksamkeit in der überfüllten Krippe durch Geschrei erkämpfen muss und sie, wenn er mit seiner Betreuerin Pech hat, auch gleich wieder verliert, weil die das milde, weniger fordernde Bübchen im nächsten Bett netter findet, warum soll der kooperativ werden? Er wird weiter aus Angst und Verunsicherung schreien, um die Bindungsperson zu erreichen. Das sicher gebundene Kind kann gelassener in die Fremdbetreuung gehen, es ist sozial kompetenter und hat damit auch mehr Zeit, die kognitive Kompetenz gewinnbringend zu steigern.

„Wie viel ist zu viel?“ kommt im Tandem mit der anderen Frage: „Wie früh ist zu früh?“ Jedes Kind ist anders. Das eine klammert sich verzweifelt an das Bein der Mutter, wenn es auf einem Spielplatz steht, das andere rennt los und wirft sich ins Getümmel. Und doch haben wir keine Scheu zu sagen, wann der Kindergarten (mit drei) und wann die Schule (mit sechs) beginnt. In der sensibelsten Zeit im Leben der Kinder glauben wir, dass alles ginge: acht Wochen, acht Monate oder zwei Jahre. Wir fragen dann nicht: „Tut es ihr/ihm gut?“, sondern „Schadet es ihr/ihm?“ „Jede Indifferenz schadet dem Baby“, so Leach. Doch Krippenarbeiter haben selten Grund, ein Kind besonders zu lieben und brauchen darum auch keinen Grund, um indifferent zu sein, es gibt ja noch viele andere Kinder, um die sie sich kümmern müssen. „Wie gut ein Baby in einem solchen Umfeld gedeiht, hängt sehr davon ab, wie viel Zeit es mit jemand verbringt, der nicht nur *für* es sorgt, sondern sich vor allem *um* es sorgt“, warnt Penelope Leach. „Drei Stunden täglich in einer ebenso unterbesetzten wie überfüllten Krippe, in der es für niemand etwas Besonderes ist, sind kein Glücksfall für ein Baby. Neun Stunden täglich in derselben Krippe werden seiner Entwicklung ziemlich sicher Schaden zufügen." Ein Kleinkind hat die Fähigkeit, mit einer neuen, sicher verfügbaren und feinfühligen Bindungsperson eine neue, tragende, sichere Bindung einzugehen. Dafür freilich ist der von allen Forschern als ideal angesehener Personalschlüssel von eins zu drei nahezu zwingend.

Bindung hat viel mit Zeit zu tun, mit Hingewandtheit und Verfügbarkeit. Darum wird es immer um ein ausgewogenes Verhältnis zwischen Familienzeit und Fremdbetreuung gehen. Man kann die Zeit mit Mutter und Vater nicht beliebig verkürzen. Die 18 Monate, die Schweden seinen Kindern gönnt, ehe sie sich von ihren Eltern für mehrere Stunden am Tag trennen, scheinen ein vertretbarer Kompromiss zwischen den „so früh wie möglich" und „so spät wie nötig" Kombattanten zu sein. „Mit 18 Monaten haben wir eine interessante Entwicklung des Kindes, in der es sich maximal nach außen öffnet.", erklärt Fthenakis. „Das rechtfertigt Neues und erleichtert auch den Übergang in andere Situationen." Die Grundsicherheit eines jeden Kindes ist ein Polster für seine spätere Entwicklung. Die Eltern sollten sie den Kindern geben und der Gesetzgeber sollte solche Familienzeiten nicht nur besingen, sondern gesetzlich festschreiben.

In verwahrlosten Familien, deren Kinder übrigens am wenigsten am Krippengeschehen teilnehmen, können Beratungen wie SAFE einen deutliches Zeichen setzen und einen großen Unterschied machen. Solche Angebote wahrzunehmen, ist freiwillig. Und wenn man phantasievoll mit dem Instrument der Information umgeht, dann kann man nicht nur in Büchereien, sondern in Cafés, Kneipen, in Banken oder per Kontoauszug, in Kinderarztpraxen, selbst im Supermarkt oder am Lottokiosk Eltern erreichen und darauf aufmerksam machen, was sie für ihre Kinder tun können. Die Familie muss in ihrer elterlichen Kompetenz gestärkt werden, insbesondere die Risikofamilie, denn eine sichere

Bindung zwischen Eltern und Kind ist das A und O für die Familie und am Ende für die Gesellschaft.

9.
Familien sind besser als ihr Ruf

Ungeachtet des Umstandes, dass die Familie ungefähr so oft totgesagt wird wie der Roman, geht es ihr besser, als man denkt. Die traditionelle Familie ist mit Abstand die häufigste Lebensform. 73 Prozent aller Kinder wachsen in herkömmlichen Familien auf. Die Familie ist kleiner als früher, weil es weniger Kinder gibt und sie ist im altmodischen Sinne nicht „heil", keine Puppenstube und schon gar nicht heilig. Sie ist immer noch ein Ort der Liebe und des Herzens, auch wenn sie nicht mehr aussieht wie zu Nesthäkchens Zeiten. Ihr Charakteristikum bleibt die Solidarität – das macht sie so anziehend. Bei Jugendlichen zwischen 13 und 22 Jahren hat die eigene Familie neben den Freunden Priorität. Auch den Erwachsenen, Männern wie Frauen, ist sie „am wichtigsten", wichtiger als der Beruf und andere Bereiche des Lebens. Das Klima zwischen den Generationen ist besser als sein Ruf.

Die Familie bietet emotional wie materiell sozialen Schutz und zuverlässigen Rückhalt. Die Familie als Rückzugsraum aus dem harten Alltag, als Schutzraum für die Kleinsten eignet sich nicht für ideologische Schlachten. Nach allen Umfragen und Analysen hat der Staat keine Chance gegen die Solidarität zwischen den Generationen. Nur wenige vertrauen dem Staat, die meisten verlassen sich lieber auf die Familie. 65 Prozent der Bevölkerung akzeptiert laut Umfrage eine Verpflichtung der Eltern zu jeglicher Unterstützung und Hilfe auch bei erwachsenen Kindern. 82 Prozent junger Elternpaare erhalten regelmäßig oder sporadisch finanzielle Unterstützung aus der älteren Generation. 92 Prozent erhalten andere Hilfe wie großelterliche Kinderbetreuung. Trotz sinkender Geburtenzahlen und steigender Scheidungen bleibt die Familie der bedeutendste Bezugspunkt. Wenn auch nur jeder dritte vom starken Familienzusammenhalt anderer Familien überzeugt ist, halten doch 84 Prozent den Zusammenhalt in der eigenen Familie für stark. Für 82 Prozent ist die Familie ein Verbund von Menschen, die sich gegenseitig helfen, 78 Prozent glauben, auf sie bauen zu können und 69 Prozent würden für sie sogar Opfer bringen.

Kein Wunder, dass Frühpädagogen wie Wassilios Fthenakis die Familie nach wie vor als erste Erziehungsinstanz erkennen, als Ort, an dem Baby und Kleinstkind aufwachsen und als Instanz, die von Krippen und anderen frühkindlichen Erziehungsinstitutionen konsultiert werden muss. Die moderne Frühkindpädagogik legt größten Wert auf gute Beziehungen zwischen Eltern und Erziehern. Der Berliner Pädagoge und Betreuungsforscher Burghard Behncke fordert darum auch „mehr Investitionen in Elternkompetenz“, für die Kleinsten hält er sie für „vielversprechender, wirksamer und risikoärmer“ als Krippenbetreuung. Die Lufthoheit über den Kinderbetten haben eben doch die Eltern und sie sollten sie auch nicht verlieren, wenn sie ihr Kind in die Obhut von Krippen geben. Das war in der DDR, wo drei Viertel aller Kinder unter drei Jahren Krippen besuchten, ganz anders. Frauen wurden ermuntert, nach der Geburt von Kindern unverheiratet zu bleiben, was zu einer in Europa untypisch hohen unehelichen Geburtsrate führte. Freilich zeigt die DDR-Praxis auch deutlich, dass eine hohe Arbeitsorientierung der Frauen und eine breite Verfügbarkeit von Krippenplätzen die Anreize zur Familiengründung durch Heirat erheblich abgesenkt haben.

Im Westen Deutschlands waren Ehe und Geburt immer stärker verknüpft, stärker auch als in den meisten europäischen Ländern und so ist auch die Familienorientierung bis heute bei uns verankert. „Wenn ich die Frage der Organisation der Bildung und Betreuung von Kindern unter drei Jahren verantworten müsste“, stellte Fthenakis fest, „würde ich ein System entwickeln, das die Dinge aus der Perspektive der Familie betrachtet. Der Primat der Verantwortung liegt bei der Familie.“

Aus der Perspektive der Familie betrachtet, hieße wohl auch, in den ersten Jahren allen Eltern unzumutbare finanzielle Opfer zu ersparen. Also fordert Ftenakis die Erweiterung des Elterngeldes auf 18 Monate, parallel den Ausbau der Krippen für ein Drittel der Kinder, die wiederum nicht mit sechs oder zwölf Monaten, sondern erst ab 18 Monaten aushäusig betreut werden sollten. Die Kleinsten könnten in der Sicherheit der Familie aufwachsen, die Mütter und Väter könnten sich diese Familienarbeit teilen und die Sorge, was mit den Kleinsten in Fremdpflege geschieht, wäre den Familien genommen. Professor Lieselotte Ahnert, Entwicklungspsychologin in Köln, verweist im Zusammenhang mit der Auswertung der amerikanischen NICHD Studie auf die wichtigste Aussage der Studie, dass „das Elternverhalten den absolut zentralen und dauerhaften Einfluss auf die spätere soziale und intellektuelle Entwicklung des Kindes behält." Über das Wohl und Wehe heranwachsender Kinder bestimmen die Eltern und sonst niemand, es sei denn sie versagen schrecklich und sichtbar. Das Grundgesetz sagt in Artikel 6,2 deutlich: „Pflege und Erziehung der Kinder sind das natürliche Recht der Eltern und die zuvörderst ihnen obliegende Pflicht. Über die Betätigung wacht die staatliche Gemeinschaft."

Offenbar nehmen zwei Drittel der deutschen Mütter diesen Appell sehr ernst. Sie pflegen und erziehen vor allem die Kleinsten zuhause und selber oder mit Hilfe von Großeltern, Geschwistern, Tanten und Freundinnen. Diese familiäre Betätigung wird vom Staat überwacht, aber schlecht honoriert. Familienarbeit ist ja nicht nur Kinderbetreuung, Hausarbeit und Altenpflege, sondern auch das, was die Soziologen „Verwandtenpflege" (*kin care*) nennen. Das kann das Schreiben von Geburtstagsgrüßen, das Organisieren von Familienfesten oder die Pflege der Beziehungen zu Onkeln, Tanten und Cousinen beinhalten.

Auch die emotionale Arbeit, die in Familien geleistet wird, wird von Müttern geleistet. Wer diese Arbeit außerhalb der Familie von Profis machen lässt, sei es vom Psychologen oder vom Event-Manager, muss teuer dafür bezahlen. Es wird gern übersehen, dass die klassische Arbeit und die Familienarbeit zwei Seiten einer Münze sind, die beide die Welt in Gang halten. Angela Merkel sagte, als sie noch Ministerin für Frauen und Jugend war, in einem FAZ-Interview: „Die, die gesagt haben, dass Gleichberechtigung Erwerbstätigkeit bedeutet, haben kaum oder gar nicht darüber nachgedacht, was aus all den Tätigkeiten werden soll, denen die Frauen früher nachgegangen sind.“

Wenn nun aber Krippenplätze auch noch gebührenfrei sein sollen, wird ja nicht nur ein vermeintlicher Bedarf gedeckt, sondern eine Familienform subventioniert, die Kinder öffentlich betreuen lässt. Merkels Frage nach den Tätigkeiten, die die Mütter vor ihrer Berufstätigkeit auch noch wahrnahmen, bleibt damit unbeantwortet. Die familiäre Betreuung würde so zum Privatvergnügen ohne Sozialausgleich.

„Die klassische Familie“ äußerte sich Ministerin von der Leyen in der „Bunten“ werde „künftig so aussehen, dass sich Eltern die Verantwortung für das Einkommen und die Fürsorge für die Kinder teilen.“ Und die unklassische? Wird in ihr etwa Einkommen und Verantwortung getrennt? Und was meint sie mit künftig? Schon immer haben sich Eltern Einkommen und Erziehung geteilt. Neu ist nur, dass Frauen berufstätig sein wollen oder müssen, was zur Veränderung des Gleichgewichts in der Familie und zu den sattsam diskutierten Betreuungsproblemen geführt hat.

Die Mutterzeit ist eine ebenso schöne wie mühevolle Periode im Leben. Achtung und Anerkennung gibt es für die mütterliche Tätigkeit nur privat. Das zeigen deutlich zwei Drittel der Befragten einer EMNID Studie vom Frühjahr 2007, die sich mehr Anerkennung für die tägliche Arbeit als Mutter wünschen. Junge Mütter und Mütter im Osten wünschen sich zu 53 Prozent mehr Anerkennung vom Staat. Das bedeutet, dass sich insbesondere die jungen Paare über finanzielle Anerkennung ihrer Familienarbeit freuen würden. Denn auf die Frage, was belastet Sie im Alltag als Mutter am meisten, nennen junge Mütter mit 45 Prozent Geldsorgen an erster Stelle, während die mangelnde Kinderbetreuung mit nur 15 Prozent an dritter Stelle auftaucht.

Die Familie ist immer noch das beste Umfeld für Kinder zum Aufwachsen, weil der Einfluss des Elternhauses immer noch unübertroffen groß ist. „Wenn Gott sie vor die Wahl stellte“, erklärt Jay

Belsky, international führender Entwicklungspsychologe, „ein Kind in einer gut funktionierenden Familie aufwachsen und gleichzeitig tagsüber in einer lausigen Krippe betreuen zu lassen, – oder umgekehrt in eine schlecht funktionierende Familie zu geben, aber bei guter Tagesbetreuung, dann müssen sie die erste Variante wählen!"

Egal, was manche verkünden, die Statistik zeigt rundum für Kinder aus intakten Familien größere Erfolge in Schule und Leben an. Die Ehe ist eben ein wirtschaftlich stabiler Ort, Verheiratete sind zufriedener als Unverheiratete, verheiratete Eltern sind oft ältere Eltern und bekommen häufiger geplanten und erwünschten als unerwünschten Nachwuchs. Klar, es gibt verwahrloste Familien, bei den Armen wie den Reichen, bei Inländern wie Ausländern. Die meisten Familien indes machen einen guten Job unter den veränderten und erschwerten Bedingungen des postindustriellen Zeitalters. Familie ist weder nur Hausfrauenghetto, Ort, an dem Frauen und Kinder an der Emanzipation gehindert werden, noch nur Schlafplatz für Kinder und berufstätige Eltern. Keiner sehnt sich nach Küche-Kirche-Kinderseligkeit vergangener Zeiten, viele möchten Familie und Berufstätigkeit verbinden oder zumindest nach Unterbrechungen fortsetzen.

Wenn die Familie nicht nur in Sonntagsreden den Primat der Erziehung hat, dann sollten Hilfen für Familien nicht nur wiederholt wohlfeil versprochen, sondern auch bereitgestellt werden. Wer die Wahlfreiheit bei der Betreuung von Kleinkindern ehrlich meint, sollte dann auch die Eltern, die ihre Säuglinge und Kleinkinder zuhause betreuen wollen, über das Elterngeld hinaus unterstützen. Vor allem sollte dieses Elterngeld nicht die Molekularbiologin bevorzugen und die junge Hartz-IV-Mutter benachteiligen. Die Kinder beider haben die gleichen Bedürfnisse und verursachen die gleichen Kosten. Auch sollte endlich Schluss damit sein, den zuhause bleibenden Müttern – immerhin die Mehrheit – Verrat an der feministischen Sache und an der Gleichberechtigung vorzuwerfen. Ist das Kind einmal auf der Welt, hat es Vorrang und in den meisten Familien wird das auch so gesehen. Ein Votum für das Kind ist kein Votum gegen die Frau im Beruf – nur

Wie Paare ihre familiären Aufgaben verteilen (in Prozent)

Basis: Personen ab 14 Jahre mit mindestens einem Kind unter 14 Jahren im Haushalt, die mit Partner / Partnerin zusammenleben; Quelle: FamilienAnalyse 2005

vielleicht widmet sie sich dem einen und anderen besser nacheinander statt nebeneinander. Aufgabe der Gesellschaft wäre es, Mütter und Väter während dieser Zeit mit vielen sachlich guten, aber organisatorisch informellen Angeboten zur Steigerung der Elternkompetenz zu unterstützen und nach der Kinderzeit für

Wie sich Paare die optimale Aufgabenverteilung wünschen (in Prozent)

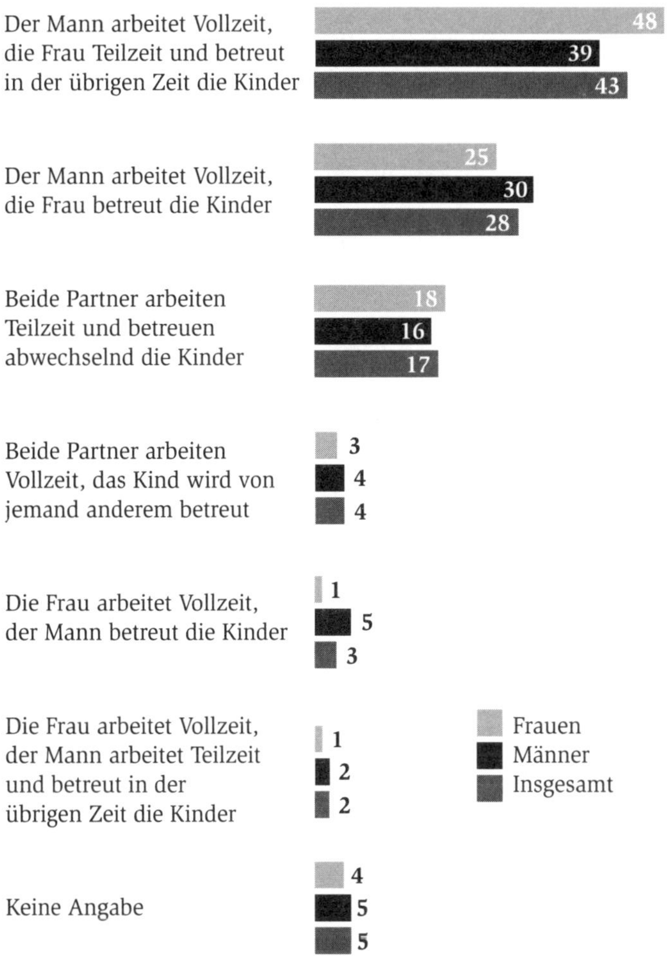

Basis: Personen ab 14 Jahre mit mindestens einem Kind unter 14 Jahren im Haushalt, die mit Partner / Partnerin zusammenleben; Quelle: FamilienAnalyse 2005

weniger Hürden bei der Wiedereingliederung in eine familienfreundliche Arbeitswelt zu sorgen.

Schließlich sollte ein Prinzip eingeführt werden, von dem nie die Rede ist, wenn von Frauen und Familien gesprochen wird. Eltern, die zuhause bei den Kindern bleiben, sollten sich genauso verpflichtet fühlen ihre Begabungen zu pflegen, wie jeder junge Arzt oder Ingenieur. Die Frauenbewegung und die konservativen Kräfte sind sich einig, dass Frauen, die bei den Kindern bleiben („freiwillig“, sagen die einen, weil es der „natürlichen Ordnung“ entspricht, sagen die anderen) den Königsweg der Berufstätigkeit verlassen haben. Auch für zeitweise Hausfrauen gilt der Satz der Frauenbewegung: „Macht was aus euch, übernehmt Verantwortung für euch, seid unabhängig und stark.“

Schließlich ist das Potenzial für Langeweile, Frustration und Auf-der-Stelle-Treten sehr real, und noch gibt es keine moralische Unterstützung und keine Hoffnung für diejenigen, die sich für das Haus entschieden haben. Sie bedürfen jedoch der Anleitung, der Würdigung ihrer Arbeit, die wertvoll und wichtig ist, und der Herausforderung, sich nach der Kinderphase wieder einem Beruf zu widmen.

10.
Und die Väter?

Das Kinderkriegen trennt das Weibliche vom Männlichen. Männer sind instrumental in diesem Prozess, aber nur für ein paar Sekunden oder Minuten. Die Schwangerschaft gehört ihnen nicht. Sie können zuschauen, Blumen mit nach Hause bringen und, wenn sie besonders einfühlsam sind, die werdende Mutter zur Schwangerschaftsgymnastik begleiten. Bei der Geburt sind sie nicht mehr die nervöse Witzfigur vor der Tür, sondern die mitfühlenden Helfer hinterm Gebärstuhl. Sie schleppen das Neugeborenen durch den Kreißsaal, während die Mutter verarztet wird, sie mögen das Krankenhaus gar nicht verlassen ohne das Kind.

Väter sind heute anders. Es kommt schon vor, dass sie den Kinderwagen aussuchen und mit Schleife verziert der Mutter neben das Bett stellen, sie wickeln die Babys zuweilen, baden und duschen mit ihnen und sind sich nicht mehr zu männlich, um das Kind auszufahren. Damit das aber immer noch männlich genug aussieht, hat die Industrie ihnen den Gefallen getan, schnittige und hochtechnisierte Kinderwagen zu schaffen. „Am Samstag gehört Papi mir", das war gestern ein Slogan. Heute soll er den Kindern viel öfter gehören. Darum sieht man ihn auch weit häufiger als in alten Zeiten auf dem Spielplatz sitzen und umringt von vielen Müttern seinem Kind die Nase putzen oder beim Bauen eincr Burg helfen.

Väter waren ewig auf die Rolle des Ernährers und Verteidigers reduziert. Die Mütter sorgten für den runden Ablauf im Haus und für die Erziehung der Kinder, sie gingen auch meist zum Elternabend. Wenn der Vater beim Direktor oder der Klassenlehrerin auftauchte, dann musste das Kind wirklich ernsthaft in Schwierigkeiten sein.

Babys, so die frühere landläufige Meinung, brauchten die Väter nicht. Ich mach mit, wenn sie Rad fahren, Fußball spielen, zelten oder schwimmen können, war das gängige Versprechen. Babys werden zwar heute von den jungen Vätern nicht mehr ignoriert, aber die Erziehung und Pflege liegt weiterhin überwiegend bei den Müttern. Zwar sind nach einer Allensbachstudie aus dem Jahr 2005 69 Prozent der Männer überzeugt, dass auch Väter sich um die Kinder kümmern sollten, 58 Prozent finden es „heutzutage selbstverständlich, dass man sich auch als Vater genauso um die Erziehung der Kinder kümmert wie die Mutter", doch leben tun dies Modell weit weniger. 41 Prozent der Väter würden sich ja gern mehr um ihre Kinder kümmern, aber der Beruf erlaube es halt nicht. Von den berufstätigen Vätern arbeiten 92 Prozent 36 Stunden und mehr pro Woche im Gegensatz dazu sind es nur 23 Prozent der Mütter.

Die wichtigsten Bezugspersonen für die Kinder bleiben also die Mütter. Nach der Familien-Analyse waren 92 Prozent der Mütter, aber nur 13 Prozent der Väter „die wichtigste oder eine der wichtigsten Bezugspersonen der Kinder zuhause." Glaubt man der Artikelflut zum Thema, könnte man glatt zur Überzeugung gelangen, dass die Frauen das gar nicht gut finden und verzweifelt versuchen, die Männer mit ins Boot zu nehmen. Doch die Mehrheit der Mütter findet die Aufgabenteilung immer noch ganz wunderbar. 43 Prozent halten es für ideal, wenn der Vater eine Vollzeittätigkeit ausübt und die Mutter in Teilzeit geht. Bei 28 Prozent geht es in Ordnung, dass der Mann Alleinverdiener ist und die Frau vollständig auf die Berufstätigkeit verzichtet. Die Zahl der Eltern, die sich wünschen, dass beide nach der Geburt des Kindes Vollzeit arbeiten, war 2005 mit vier Prozent verschwindend gering. Daran hat sich in den letzten zwei Jahren auch nicht viel geändert. Interessant ist, dass bei den besser gebildeten Eltern immerhin 27 Prozent für eine Teilzeit von beiden plädieren, um sich Erziehung und Unterhalt abwechselnd teilen zu können.

Die Vaterforschung der letzten Jahrzehnte hat längst mit der falschen Vorstellung von der Entbehrlichkeit der Väter aufgeräumt, nur noch radikale Feministinnen, für die Väter eo ipso Täter sind, bleiben dabei, dass es den Kindern ohne Väter besser gehe. Auch Forscher wie John Bowlby, Anna Freud oder D. W. Winnicott haben ihr Augenmerk ausschließlich auf die frühe Mutter-Kind-Bindung gelenkt. Erst die psychoanalytische Entwicklungspsychologie hat neue Einschätzungen der Funktionen von Vätern erlaubt. Durch Kleinkindbeobachtungen wurde nachgewiesen, dass schon im ersten Lebensjahr dem Vater in der so genannten Triangulierung, dem Dreiecksaufbau Vater-Mutter-Kind, eine bedeutende Rolle zukommt. Er ist wichtig, um die frühe Mutter-Kind-Zweisamkeit umzuformen. Der Vater ist gewissermaßen der Puffer zwischen den Bindungswünschen des Säuglings einerseits und den ersten Ablösungsversuchen andererseits. Er ist der signifikante Dritte, bei dem das Kind Halt finden kann. Der Vaterforscher Horst Petri spricht vom Vater als „Drittem im Bunde“, der etwa ab dem zweiten Lebensjahr „eine zur Mutter gegengeschlechtliche Orientierung und Identifikationsmöglichkeit“ anbietet und die zu enge Bindung zur Mutter verhindert.

Die Bindungsforschung hat herausgefunden, dass Väter und Mütter über ein unterschiedliches, sich im besten Falle ergänzendes angeborenes Bindungsrepertoire verfügen. Die Mutter ist nährend und pflegend, emotionale Sicherheit und Schutz sind die Zielrichtung; der Vater ist motorisch, handlungsorientiert, sein Verhalten fördert Risikobereitschaft, Neugier und die Erkundung der Welt. Jeder kann das in der eigenen Familie beobachten: Mutter hat das Kleinkind gefüttert, gewaschen, eingecremt und es für die Schlafenszeit vorbereit, Vater kommt nach Hause, wirft das Kind in die Luft, macht Blödsinn, gibt den Tiger auf dem Teppich. Das Kind lacht und gluckst vor Freude und wird zwar etwas später als von der Mutter gewollt, aber glücklich einschlafen. In den folgenden Lebensjahren wird der Vater in stets gewandelter Form seine Wichtigkeit für das Kind behalten. Die Familienforschung hat auch längst etabliert, dass eine Mutter allein die väterlichen Funktionen nicht ersetzen kann. „Wenn ich Tee mit Zucker und

Milch haben will, ist es eben nicht dasselbe, wenn ich statt der Milch zwei Stücken Zucker bekomme“, fasste die englische Entwicklungspsychologin Penelope Leach diese Einsicht kurz und knapp in ein überzeugendes Bild.

Vaterverlust und Vaterabwesenheit sind darum für die kleinen wie die großen Kinder von entscheidender Bedeutung. Wenn die Väter bei Scheidung und Trennung aus dem Lebenszusammenhang der Kinder fallen, bricht ihr Bindungsgerüst zusammen. Vor allem Jungen, die den Vater zum Aufbau ihrer männlichen Identität brauchen, werden oft verhaltensauffällig. Mütter mögen die Väter ihrer Kinder für entbehrlich halten, die Kinder tun das meist nicht. Wer die Texte der wildesten Hip-Hop, Rap, Punk oder Rock Musiker aufmerksam liest, wird da selten einen Ruf nach Krippen und Fremdbetreuung hören, sondern den Schrei nach intakten Familien, nach Vätern, die bleiben sollen („*Daddy, don't leave, don't leave us here alone*“ von Pink in „*Family Portrait*“) oder Müttern, die sie nicht vernachlässigen sollen („*My father left me, my mother neglected me, I'll never abandon my own child the way my parents did me*“ von Eminem).

Das neue Elterngeld, das ja auch Vätern zuteil wird, kann da durchaus segensreich wirken und mehr Väter als bisher an die Wiegen und Kinderbetten bringen. Aus Schweden wissen wir, dass die Anzahl der Väter, die in den ersten 18 Monaten ihrer Kinder zeitweise zum Hausmann werden, enorm gestiegen ist. Im Jahr 1974 waren nur 2,8 Prozent der Antragsteller auf Elterngeld Männer. Im Jahr 2004 waren es 43 Prozent, je höher der Bildungsstand der Väter, desto häufiger nutzten sie das Elterngeld. Auch in Deutschland zeichnet sich jetzt schon eine Steigerung der väterlichen Teilnahme am Babygeschehen ab. Seit der Einführung des Elterngeldes im Januar 2007 ist die Väterquote von vorher 3,5 Prozent auf 7 Prozent hochgeschnellt. Jeder zweite derjenigen Väter, die ihre Berufstätigkeit unterbrechen, bleibt sogar länger als zwei Monate zuhause.

Der Vater ist sicherlich nicht das Problem, als das er in rabiaten Angriffen gern dargestellt wird. Freilich muss auch er sich aus einem alten Rollenbild herauswinden. Nach einer Studie von 2001

(„Die Rolle des Vaters in der Familie") stellte Institutsleiter W. Fthenakis überrascht fest: „Wir hatten nicht damit gerechnet, dass die Väter von heute sich schon zu zwei Dritteln mehr als Erzieher ihrer Kinder sehen denn als Geldverdiener." Doch, so Fthenakis, „dann tun sie nicht, was sie wollen". Unbestritten bleibt, dass Väter einen größeren Teil der Haus- und Familienarbeit übernehmen müssten, als sie es tun. Vieles hat sich verbessert, aber die zweite Schicht fahren bisher hauptsächlich die berufstätigen Mütter und selten die berufstätigen Väter. In den allermeisten Berufen wären auch für die Väter flexiblere Zeiten möglich als bisher eingeklagt werden. Der Wochenend-Vater für die Kleinsten und Kleinen ist kein gutes Modell, denn auch Kleinstkinder brauchen Vater und Mutter.

11.
Wie viel Krippe braucht das Land?

Über Nacht wurden alle zu Experten: Alle redeten über Krippenplätze wie über BSE oder den Klimawandel. Eine halbe Million, eine ganze Million, ein Drittel aller Kinder, vielleicht auch nur 20 Prozent sollen einen Platz kriegen, der Bedarf ist riesig, der Bedarf ist gar nicht riesig, alle Mütter wollen es, die meisten Mütter wollen es nicht und so fort. Man muss keine Krippe von innen kennen, man muss nicht einmal wissen, für welche Altersgruppe sie gedacht ist, aber eine Meinung über ihre Unentbehrlichkeit und ihre schönen/schlechten Auswirkungen kann jeder äußern. Alle wissen plötzlich alles, nur, dass eine Krippe für das Alter von null bis drei gedacht ist, hat sich nicht überall herumgesprochen. Wenn die Krippendiskussion im Fernsehen bebildert wird, sieht man meistens fröhlich spielende Kindergartenkinder. Die sind indes drei bis sechs Jahre alt. Selten ist vor allem davon die Rede, wie die mit viel Beifall bedachte Krippe eigentlich aussehen soll.

Sie soll von hoher Qualität sein, wird gern festgestellt, als würde jemals jemand etwas von niedriger Qualität wünschen. Welche Faktoren diese Qualität determinieren, da bleiben alle Macher wie Schreiber im Vagen. Auch die Ministerin von der Leyen bleibt da lieber bei Zahlen, noch dazu solchen, die sie selbst erfunden hat. Für jedes dritte Kind zwischen null und drei Jahren soll es bis 2013 einen Platz geben, verkündete sie nach dem „Krippengipfel" im April 2007. Wie der beschaffen sein soll, ob so desolat wie jetzt schon oft oder vielleicht auf Grund der Masse noch schlechter, darüber hört man wenig. Dazu, dass so viele Plätze ja auch entsprechend viele Erzieherinnen brauchen und wie die in Zukunft ausgebildet werden sollen, hört man noch weniger. Die deutsche Untugend, massenhaft und überstürzt flächendeckend etwas einzuführen, führte stets zur Absenkung der Standards. Das war so bei der Gesamtschule und auch bei der Einführung des Rechtsanspruchs auf einen Kindergartenplatz.

Zu den vorhandenen 270 000 sollen also noch eine halbe Million Plätze hinzukommen. Nun gibt es glücklicherweise das Statistische Bundesamt und dessen Zahlen belegen, dass 673 000 Kinder im Jahre 2006 lebend geboren wurden. 2005 waren es ein paar mehr, nämlich 686 000. Doch selbst wenn unsere Geburtenrate von gegenwärtig 1,35 nicht weiter fällt, werden die Geburten zurückgehen, weil die Anzahl der Frauen im gebärfähigen Alter zurückgeht. Paul Demeny, Forscher beim Population Council in New York, drückt es plastisch aus: „Mädchen, die vor 20 Jahren nicht geboren wurden, können heute auch keine Kinder gebären." Das ist ein Trend, der in Deutschland seit über dreißig Jahren zu beobachten ist, auch wenn er erst seit ein paar Jahren ins Bewusstsein gerückt ist.

Rechnet man also die Kinder unter drei Jahren auf das Jahr 2013 hoch, so werden es nicht mehr als zwei Millionen sein. Davon wird ein Drittel sowohl wegen des Elterngeldes wie auch aus ganz und gar geldfernen Gründen im ersten Lebensjahr daheim von Vater oder Mutter betreut werden. Bleiben also etwa 1,3 Millionen Kinder als Zielgruppe der Fremdbetreuung übrig. Von diesen sollen 30 bis 35 Prozent einen Krippenplatz vorfinden können. Zu den vorhandenen 270 000 fehlten also „nur" knapp 200 000 Plätze. Geht die Geburtenrate indes weiter zurück, wird selbst diese Zahl weiter nach unten korrigiert werden müssen. Wie viele Krippenplätze brauchen wir dann? Nicht mehr als 450 000 insgesamt. Will sagen: Die 750 000 Plätze der Familienministerin sind nur plausibel, wenn sie nicht ein Drittel, sondern eher zwei Drittel der Kleinkinder unter drei Jahren als Zielgruppe betrachtet. Für die Drittel-Quote würden tatsächlich die ohnehin jetzt schon im Tagesbetreuungsausbaugesetz geplanten 230 000 Plätze reichen, wenn sie dort geschaffen werden, wo Bedarf geäußert wird.

Dieses Krippenspiel agiert indes nicht nur mit Phantasiezahlen, sondern auch außerhalb der Bedürfnisse vieler Mütter. Egal welches Forschungsinstitut die Frauen fragt, was das Beste für ihr

Kind sei, sind diejenigen, die für die Allerkleinsten Krippenbetreuung fordern, stets in der Minderheit: 17 Prozent in der Ipsos Umfrage von März 2007. Diejenigen, die die alleinige Erziehung durch die Eltern hoch schätzen, bilden die erdrückende Mehrheit: 81 Prozent. Nach einer EMNID Studie vom Mai 2007 gaben 55 Prozent an, Mütter sollten bis zum Kindergartenalter zuhause bleiben, 27 Prozent plädierten dafür, dass beide Elternteile Elternzeit nehmen sollten und nur 7 Prozent erklärten „Mütter sollten ihre Berufstätigkeit nicht unterbrechen." Nach einer Forsa Umfrage vom April 2007 für den STERN betrachten 60 Prozent der Befragten die Betreuung eines einjährigen Kindes durch eine Krippe oder Tagesmutter skeptisch oder lehnten sie ganz ab.

Hysterie ist gänzlich unangebracht. Flächendeckend wird sich Krippenbetreuung nicht durchsetzen. Nicht nur, weil die Mehrheit der Frauen sie nicht wollen, sondern auch weil der Bedarf vor allem regional unterschiedlich ist. In Universitätsstädten ist der Krippenbestand höher als in anderen Kleinstädten. In Großstädten wie München, Frankfurt, Hamburg oder Köln besuchen weit mehr als zehn Prozent der Jüngsten eine Krippe oder haben eine Tagesmutter. Andererseits geht es in Bremen oder Duisburg fast so karg zu wie in manch ländlicher Gemeinde. Skurrilerweise gibt es in Niedersachen die wenigsten Krippenplätze, ausgerechnet dort, wo Ministerin von der Leyen von 2003 bis 2005 für derlei verantwortlich war.

Dort wo es einen hohen Anteil an allein erziehenden Müttern gibt, wird die Nachfrage nach Krippen naturgemäß größer sein als in ländlichen Gegenden Bayerns oder Schleswig Holsteins. Auf dem Lande macht der stärkere familiäre Zusammenhang auch familiäre Betreuung für die Kleinsten häufiger möglich. Massenhafte Kleinkinderziehung in Fremdbetreuung wird sich nicht etablieren, weil Personal, Platz und Geld auf lange Sicht ein Problem bleiben und weil der Staat, anders als bei der Schulpflicht, nicht in die Familie hineinregieren darf.

Darum betonen Fachleute wie Wassilios Fthenakis, dass alle Fremdbetreuung stets nur erfolgreich fürs Kind ausgeht, wenn die Familie herangezogen wird, wenn die Kommunikation zwischen

Elternhaus und Krippe oder Tagesmutter stimmt. Wenn die Krippe im Dienste der Familie und nicht als Alternative zur Familie geplant wird und die Erzieherinnen sich auch als Vermittlerinnen wahrnehmen, verringern sich elterliche Befürchtungen. „Wenn eine Familie nicht verantworten kann, was eine Einrichtung tut, dann muss diese Einrichtung den Erwartungen der Eltern gerecht werden – nicht umgekehrt", erklärt Frühpädagoge Fthenakis unumwunden.

Der Bedarf an Betreuung für Kleinkinder ist unstrittig. Nachdenken sollte man indes, solange noch Zeit ist, ob man einen rasenden Ausbau plant, der Inhalte vernachlässigt und vielleicht auch noch am Bedarf vorbeigeht. Insbesondere sollte aber die Mathematik stimmen. Eine halbe Million zusätzliche Krippenplätze brauchen mindestens 100000 zusätzliche Erzieher. Gegenwärtig produzieren die Fachschulen gerade mal 7000 Absolventen pro Jahr, die freilich nicht allein für Krippen, sondern für den gesamten vorschulischen (und auch außerschulischen) Bereich ausgebildet werden. Viele Erzieher scheiden aus dem Beruf aus, weil sie pensioniert, schwanger oder krank werden, andere verlassen den Beruf, weil er größten Einsatz verlangt und trotzdem schlecht bezahlt wird. Mit wie wenig Personal will die Ministerin ihre selbstverständlich hoch qualitative Frühbildung garantieren? Krippe weit und breit, aber light?

Viele Eltern, insbesondere allein erziehende Mütter, brauchen ein Arbeitseinkommen, wären aber mit einer Tagesmutter als Betreuungsidee für ihr Kleinstkind glücklicher als mit der Gruppenpflege der Krippe. Schwedische Erfahrungen scheinen das zu bestätigen. Warum also nicht einstweilen auch in eine seriöse und fundierte Fortbildung von Tagesmüttern investieren? Billiger als die Krippe wäre das ohnehin.

Die nicht nur von Konservativen wiederholt angemahnte Wahlfreiheit bedeutet nichts anderes als gleichberechtigte Unterstützung sämtlicher Formen frühkindlicher Betreuung: in der Familie, bei der Tagesmutter, in der Krippe. Die Lufthoheit über den Kinderbetten, die der frühere Generalsekretär der SPD, Olaf Scholz, anno 2003 so lautstark für den Staat forderte, entspricht kaum den Vorstellungen der Mehrheit der deutschen Eltern. Auch wenn sich Erziehungsprobleme häufen und bisweilen eine erschreckende Erziehungsunlust sich lautstark manifestiert, wird kaum jemand behaupten, dass der Staat besser erzieht als die Familie. Die meist horrenden Geschichten der Kinder aus staatlichen Heimen sprechen da eine beredte Sprache, die Ergebnisse früherer Massen-Fremdbetreuung in der DDR und anderen Ostblock-Ländern ebenso.

12.
Die Krippenklientel

Krippen sind für Kinder zwischen null und drei Jahren gedacht. Diese schlichte Tatsache kann nicht oft genug wiederholt werden, weil viele Menschen Krippe und Kindergarten immer noch nicht auseinanderhalten. Die Säuglinge, Sitzer, Krabbler, Steher und schließlich Geher durchlaufen nach der Einschätzung englischer Spezialisten etwa vier Entwicklungsstufen:

0-8 Monate: Sie beobachten, kommunizieren, drehen sich und heben den Kopf.
8-18 Monate: Sie sitzen, stehen, erkunden ihre Umgebung.
18-24 Monate: Sie bewegen sich, spielen und bringen manches durcheinander.
25-36 Monate: Sie gehen, sie reden, sie tun als ob.

Mit derart unterschiedlich entwickelten Säuglingen und Kleinkindern hat der Erzieher in der Krippe zu tun. Kein Wunder, dass der Personalschlüssel eine so sensible Rolle spielt, wenn man nicht nur erfolgreich, sondern auch gewinnbringend mit jedem einzelnen Kind arbeiten will.

Angenommen, die Forscher haben Recht, und Kinder sollten tatsächlich nicht vor 18 Monaten in Krippen betreut werden, was passiert dann mit den Kindern, die jetzt nach dem Mutterschutz, also acht Wochen nach der Geburt, in Krippen abgegeben werden, weil ihre Mütter keine andere Wahl zu haben scheinen?

Wenn es für die ersten 18 Monate bis zwei Jahre tatsächliche Wahlfreiheit für die Eltern bei der Betreuung der Kleinkinder gäbe, dann würden sich die meisten Frauen für die häusliche Pflege entscheiden. Warum also gibt man nicht allen hausentschiedenen Eltern/Müttern/Vätern einen monatlichen Betrag oder einen Gutschein in Höhe der Gestellungskosten eines Krippenplatzes für eben diese Zeitspanne? Diejenigen Eltern/Mütter/Väter, die trotz dieses Angebots eine Fremdbetreuung vorziehen, könnten den Gutschein zu einer Tagesmutter tragen oder ihre häusliche Pflegekraft damit entlohnen.

Fortan gäbe es dann nur noch Krippen für Kinder, die älter als 18 Monate sind. Mit einem Elterngeld von etwa 1000 Euro für jede Mutter wäre die allein erziehende Hartz-IV-Mutter auch nicht in der Zwickmühle, bei weniger Elterngeld als früher das Erziehungsgeld noch dazuverdienen oder für allerlei Kosten wie Wohngeld den Staat anzapfen zu müssen.

Um die berufstätigen Mütter und Väter wirklich zu unterstützen, müssten diese Krippen (und später die Kindergärten) fortan ganztägig und ganzjährig geöffnet sein. Sie müssten flexible Zeiten für die unterschiedlichen Bedürfnisse der Mütter und Väter anbieten. Wie freilich die volle Berufstätigkeit mit einer Krippenanwesenheit von mehr als acht Stunden mit dem Gebot von maximal 20 bis 30 Stunden Fremdbetreuung pro Woche für die unter Dreijährigen zu verbinden ist, bleibt ein Geheimnis, auf das niemand offene und schon gar keine harten Antworten gibt.

Bräuchten wir am Ende gar keine Erhöhung der Krippenplätze, wenn es ein Elterngeld für 18 lange Monate gäbe? Die Antwort ist ein zögerliches jein. Krippenplätze könnten für eine andere als die von der Ministerin Leyen ins Auge gefasste Klientel die Rettung sein. Bislang wurde meistens – unausgesprochen oder nicht – von der jungen Ärztin ausgegangen, die ihren Facharzt nicht schafft, weil das Kind dazwischenbrüllt, oder von der Teilchenphysikerin, die in der Konkurrenz zu ihren Kollegen steht und bei den damit geforderten Zwölf-Stunden-Tagen im Labor mit Kind nicht mithalten kann. Diese statistisch kleine Gruppe von Frauen in hochtourigen Jobs könnte freilich mit einer Tagesmutter, einer Kinderfrau oder im besten Falle der Großmutter ihr Zeitproblem lösen. Die Gruppe der Kleinkinder indes, die in kaum einem Krippenfocus auftauchen, sind die Kinder, die im sozialen Abseits stehen. Für sie könnte die Krippe die Rettung aus Vernachlässigung, Unterversorgung, Sprachlosigkeit und Armut sein.

Kurioserweise ist aber gerade diese Klientel in den Krippen so gut wie gar nicht vertreten. Dafür gibt es viele Gründe: Die Eltern sind arbeitslos und sowieso zuhause, die Eltern sind am Fortkommen ihrer Kinder nicht interessiert („Babys brauchen doch nichts.") oder die Eltern sind – weil Sozialhilfeempfänger – ohne Chance auf einen Krippen-Gutschein wie etwa in Hamburg. Wenn alle Kinder, deren Armut und Umstände den Jugendämtern bestens bekannt sind, rechtzeitig aus ihren verwahrlosten Familien herausgenommen würden und in Krippen gut ernährt, gekleidet, und vor allem gebildet würden, könnten wir vielleicht die Schulversagerquote, immerhin mehr als zehn Prozent, halbieren oder zumindest verkleinern. Wenn man die Krippenbetreuung verbände mit elterlicher Beratung und Fürsorge, hätte das den doppelten Vorteil, dass die Kinder nicht nur in den Krippenstunden, sondern auch danach durch gesteigerte Elternkompetenz ein kindgerechteres Leben genießen könnten.

Der berühmte amerikanische Soziologe David Riesman („Die einsame Masse"), der sich im Alter vor allem der Bildungssoziologie widmete, entwickelte in den späten 70er Jahren einen Plan, die schwarzen Jungen aus den Ghettos herauszuholen, um sie in Internaten fernab des gewohnt schlechten Einflusses ihres Lebensmittelpunktes zu erziehen. Riesman war kein Rassist, sondern ein lupenreiner Liberaler, er sah für die männlichen Kinder der Ghettos keinen anderen Ausweg aus dem Teufelskreis von Armut, Gewalt, Schulversagen und Knast. Aus dem Plan wurde nie etwas, weil er gegen Gleichheitsgrundsätze verstieß. Unsere Ghettos sind zwar nicht schwarz, aber die Ausweglosigkeit in den sozialen Brennpunkten ist nicht geringer als in entsprechenden amerikanischen Stadtteilen. Das ist nicht nur Sozialarbeitern und Jugendamtsmitarbeitern bekannt.

Wieso, fragt nun mancher besorgt, soll für die Kinder am sozialen Rand nicht gelten, was für die Kinder der Mittel- und Oberschicht gilt? Ist nicht auch für sie häusliche Pflege das Beste? Gibt es denn in der Unterschicht keine Liebe, keine Bindung? Die vielfältigen Probleme am unteren Rand fangen mit den zerstörten Familien an, mit Alleinerziehung, mehreren Kindern von mehreren Vätern, Verschuldung, Alkoholismus, Gewalt, Analphabetentum und schlechter Ernährung. Kinder stören in solchem Milieu oft, sie bekommen keine Ansprache, werden vor dem Fernsehgerät geparkt und häufig über Stunden nicht aus ihrem Wagen oder Bett geholt. Weil die Eltern häufig traumatisiert sind, traumatisieren sie auch ihre Kinder.

Gerade diese Kinder könnten von Krippen profitieren, auch schon vor ihrem 18. Monat. Freilich müssten gerade diese Kleinkinder die qualitativ hochstehenden Krippen vorfinden, von denen immer betont wird, dass sie Kinder fördern. Mit dem Personalschlüssel von eins zu drei, vielleicht sogar eins zu zwei und erstklassigem Personal könnten Krippen in den sozialen Brennpunkten eine große soziale Aufgabe erfüllen. Sie könnten die Probleme der Kinder, die dort aufwachsen, wenn schon nicht ganz verhindern, so doch sehr verringern.

Weniger die Krippe für die arrivierte berufstätige Mutter als für die stets vom Leben überforderte berufslose Mutter aus den sozialen Brennpunkten unserer Gesellschaft?

Dass das ein sinnvoller Weg sein könnte, hat die Perry Preschool Study gezeigt. Diese Studie der High/Scope Educational Research Foundation in Ypsilanti, Michigan, hat die Lebensläufe von 123 schwarzen Amerikanern untersucht, die in Armut lebten und für Schulversagen prädestiniert waren. Im Alter von drei und vier Jahren wurden diese Kinder nach dem Zufallsprinzip ausgesucht und in zwei Gruppen geteilt. Die eine Gruppe erhielt hochklassigen Kindergarten- und Vorschulunterricht, die andere nichts davon. Als die Probanden 27 Jahre alt waren, wurden sie interviewt und ihre Lebensläufe durchleuchtet. Die Erwachsenen, die das Kindergartenprogramm durchlaufen hatten, landeten seltener im Knast, verdienten mehr Geld, besaßen öfter ein Haus, waren in größerer Zahl verheiratet, wurden sehr viel seltener für Drogenhandel bestraft, schlossen die High School öfter ab und hatten mit 14 und 19 Jahren bessere Schul- und Lesergebnisse als die Teilnehmer der Kontrollgruppe.

Von dem individuellen Vorteil abgesehen hat sich die Investition in hochklassige Frühkind-Pädagogik vor allem auch für den Steuerzahler gelohnt, für jeden einst investierten Dollar gab es einen Gewinn von 7,16 Dollar. Das Programm, so die Analysten, war ein außerordentlich gutes Investment, besser als der Aktienmarkt im vergleichbaren Zeitraum.

Die Perry Studie und ähnliche andere Studien legen nahe, dass frühkindliche hochqualitative Programme für benachteiligte Kinder erhebliche Vorteile haben. Sie stärken die Kinder, weil sie ermuntert werden und das Lernen lernen. Sie stärken die Eltern, weil sie in Partnerschaft mit den Lehrern die Entwicklung ihrer Kinder vorantreiben. Und sie stärken die Erzieher, weil sie sie mit allen Mitteln der pädagogischen Forschung und Evaluation ausrüsten.

Die Perry Studie bezog sich zwar auf Drei- bis Vierjährige, nicht auf Krippenkinder, es besteht aber wenig Grund zur Annahme, dass die positiven Auswirkungen auf jüngere Kinder der Unterschicht nicht ebenso oder sogar noch durchschlagender wären. Wenn wir schon eine halbe Million Plätze neu erschaffen wollen, warum nicht die Hälfte von ihnen für die benachteiligten Kleinkinder im sozialen Abseits bereitstellen? Die Lebenschancen der Kinder aus sozialen Brennpunkten würden erhöht und es würde langfristig viel Geld für kompensatorische Maßnahmen gespart.

Aus der PISA Studie ist hinlänglich bekannt, wie sehr der Schul- und Lernerfolg der Kinder vom familiären Hintergrund abhängt. Die Koppelung von Elternschulung und Kinderbetreuung in der Krippe könnte für Kinder und Eltern ganzer Viertel ein Segen sein und die so genannten Sozialhilfedynastien an der Ausbreitung hindern. Solche Bildungsinvestitionen sind langfristig gut gemachte Sozialpolitik, sie verringern soziale Ungleichheit und sparen, wie die Perry Studie zeigt, Wohlfahrts- und Knastkosten.

Auf gar keinen Fall sollte die Krippe nur die Frauen im Visier haben, die bestens ausgebildet sind und sich auch noch in den besser bezahlten Jobs tummeln.

13.
Die gute Krippe

Die deutsche Frühpädagogik ist ein rares Gut. Es gibt für dieses Fach weniger Professuren als für japanische Sprache und Literatur. Nun müsste die Stunde dieser Disziplin geschlagen haben. Die Frühpädagogen wissen, was die Kinder brauchen und nicht kriegen, wenn sie, aus welchen Gründen auch immer, nicht zuhause betreut werden können oder sollen. Doch von den Frühpädagogen hört man nicht etwa Jubel, sondern nur Warnungen, Mahnungen, Vorbehalte und Befürchtungen.

Geht's nicht positiv, müssen die Deutschen immer Bedenken tragen? Wassilios Fthenakis prophezeit Riesenprobleme beim Ausbau des Krippenprojekts. Sein erster Vorwurf: „Alle reden nur von Quantität, nie von der Qualität der Betreuung." Struktur über Inhalt – wieder so ein altes deutsches Bildungslaster. Jahrzehntelang haben wir uns über Schulformen geprügelt, ideologische Grabenkriege geführt, die Gesamtschule eingeführt, die Hauptschule fast abgeschafft, die Sonderschule umbenannt, nur bei PISA wurden wir für derlei formalen Zirkus nicht belohnt. Kein Curriculum, keine Lehrerausbildung waren uns so wichtig wie die Schulform. Haben wir daraus etwas gelernt?

Sieht nicht so aus. Während andere Länder, England, die nordeuropäischen Länder, die USA die frühkindliche Erziehung vorantrieben und reformierten, die Ausbildung des Personals professionalisierten und aus Tagesbetreuungsstätten Bildungszentren – *Early Learning Centers* heißen sie in USA – für die Kleinsten machten, ließen wir die Jüngsten weiterhin von unzureichend ausgebildeten Kinderpflegerinnen betreuen. Was kümmert uns Hirnforschung, das „Genie in der Wiege" kann sich vielleicht in Birmingham entfalten, in Dortmund ist das Curriculum *„Birth to Three Matters"* („Die ersten Jahren zählen doch") noch nicht angekommen. Die englische Regierung ließ es entwickeln, die Kultus- oder Schulministerien hier sind weit davon entfernt.

Null bis drei fällt ja auch nicht in ihr Ressort. Null bis drei ist noch vor dem Kindergartenalter, das ist nicht Bildung, das ist Soziales, dafür hat man schon immer weniger Geld gehabt. Darum wurden auch Kindergärtnerinnen schlichter ausgebildet als Lehrer und Kinderpflegerinnen noch schlichter als alle anderen. Schließlich handelt es sich ja nur um Säuglinge und Kleinkinder, da kann man nicht viel falsch machen.

Irrtum: Die Kleinsten brauchen nicht nur eine besondere Hinwendung und Aufmerksamkeit, sie brauchen eine andere Pädagogik und feste Bezugspersonen, die sich auf sie einlassen, ihre Äußerungen erkennen und deuten können. Interaktion ist für sie eins zu eins, sie kennen das ICH, das WIR interessiert sie nur als ICH und DU. Darum sollen Gruppen für kleine und kleinste Kinder sehr klein sein. Bis zu zwei Jahren sollte der Schlüssel idealerweise nicht höher als eins zu drei betragen. Für die über Zweijährigen kann das auf eins zu fünf ansteigen. Der Schlüssel der meisten Krippen liegt eher doppelt so hoch. Und wenn man dann noch eine gemischte Altersgruppe einführt, was in jüngster Zeit zunehmend der Fall ist, dann wird die Personaldecke dünner und die Kinderzahl hochgeschraubt. Da sitzen dann knapp Zweijährige im selben Betrieb wie die Fünf- und Sechsjährigen und müssen sich entweder anpassen oder trauern. In jedem Fall sind die Jüngsten überfordert.

Zu allem Überfluss wird so eine Gruppe, die leicht 20 bis 25 Kinder umfasst, von gerade mal zwei Erziehern und mit viel Glück noch von einer Praktikantin betreut. Selbst Mary Poppins könnte unter solchen Bedingungen die vielen Kinder kaum glücklich machen. Tanzen und Singen vergehen den Erziehern, die nur noch aufs Ordnen, Füttern, Säubern aus sind. Individuelle Pflege, Ansprache, Förderung? Ausgeschlossen. „Die tollste Ausbildung der Erzieherin nützt nichts, wenn die Gruppen zu groß sind“, moniert der Verhaltensbiologe Joachim Bensel. Er plädiert für „kleinere Gruppen und Verzicht auf Ganztagsbetreuung“.

Der schwedische Neonatologe und Baby-Hirnforscher Hugo Lagercrantz äußerte in der schwedischen Zeitung „Dagens Nyheter“: „Vor 18 Monaten solle man überhaupt nicht in die Krippe gehen. Am besten erst mit zwei Jahren.“ Warum? „Ich bin kein Pädagoge“, bemerkte er entschuldigend, „ich bin Mediziner und Kleinkinder unter zwei sind für so viele Infekte anfällig. Sie sind ab zwei einfach stabiler.“ Außerdem hält er die meisten Kleinkindergruppen für zu groß, seine Obergrenze: „höchstens zwölf Kinder“. Professor Michael Schulte-Markwort, Präsident der deutschen Kinder- und Jugendpsychiatrie, meint: „Aus klinischer Sicht war ich immer schon dafür, die Kinder möglichst lange zuhause zu betreuen. Natürlich tut es manchen Kindern gut, wenn sie fremdbetreut werden, aber im Normalfall ist es eben besser, länger fürs Kind da zu sein.“

Nach Alter der Kinder und Größe der Gruppe ist die Anzahl der Stunden, die ein Kleinkind in Gruppenpflege verbringen sollte, ohne überfordert zu sein, für die Qualität entscheidend. „Zwanzig Stunden“, sagt Wassilios Fthenakis, „nicht mehr als dreißig Stunden“ meint der am Londoner Birkbeck College lehrende amerikanische Psychologe Jay Belsky, der auch einer der Mitarbeiter an der Langzeitstudie des National Institute of Child Health & Human Development (NICHD) ist. Die in der Studie festgestellten Verhaltensprobleme von Krippenkindern haben sich graduell erhöht mit zunehmender Anzahl der Stunden, die die Kleinkinder jenseits mütterlicher Pflege verbrachten. Weil das so ist, fordert die Entwicklungspsychologin Lieselotte Ahnert auch, „unbedingt darauf zu drängen, dass die Eltern ihre Kinder nicht zu lange in den Krippen lassen.“

Die letzte tragende Säule einer erstklassigen Krippe ist die Ausbildung des Personals. „Je jünger die Kinder, desto besser sollte das Personal geschult sein“, notiert Wassilios Fthenakis. Doch deutsches Vorschulpersonal wird, fast einzigartig in Europa, nicht an Hoch- oder Fachhochschulen ausgebildet. Kinderpflegerinnen lernen in ihrer ein- oder zweijährigen Ausbildung wenig über die kognitiven oder psychischen Entwicklungsstufen der Säuglinge und Kleinkinder. Eine Farce, wenn man die Riesenfortschritte in der Hirnforschung in Bezug auf die Kleinsten bedenkt. Freilich wären die Mädchen mit Haupt- oder Realschulbildung mit den Erkenntnissen der Neurobiologie und Entwicklungspsychologie vermutlich überfordert. Die Erzieherinnen, früher hießen sie Kindergärtnerinnen, werden etwas besser ausgebildet, aber auch sie wissen, dass das für die Anforderungen an die Frühkindpädagogik nicht reicht. Schlecht bezahlt werden sie alle für ihre anstrengende und verantwortungsvolle Tätigkeit.

So ergab eine Befragung der Bertelsmannstiftung von „Fachverantwortlichen zur Qualifizierung von Mitarbeitern in Kitas für Unter-Dreijährige und Tagesmüttern“, dass 61 Prozent der Befragten die Träger von Betreuungseinrichtungen als „nicht so gut, schlecht bzw. sehr schlecht auf die Bildung, Betreuung und Erziehung von Unter-Dreijährigen vorbereitet“ einschätzen. Doch auch das Personal selber schätzt sich als schlecht vorbereitet ein. Über 45 Prozent der Fachverantwortlichen bewerteten die Qualifizierung der Erzieherinnen und Tagesmütter als „nicht so gut bis schlecht“. Gründe dafür wurden gleich mit genannt: Defizite in der Ausbildung, veraltetes Bild vom Kind und fehlende methodisch-didaktische Kenntnisse. So schlecht vorbereitet will die Ministerin in eine goldene Zukunft für die Kleinsten schreiten?

Hilft man so den Kindern, den Müttern, den Vätern?

Die Krippen-Euphoriker werden nicht müde sofort zu versichern, dass Krippenkinder den anderen Kindern überlegen sind. Es ist richtig, dass qualitativ hoch stehende Krippen – solche mit kleinem Personalschlüssel, Kindern ab zwölf, besser noch ab 18 Monaten und bestens gebildeten Erzieherinnen – einen positiven Einfluss etwa auf die Sprachentwicklung nehmen können, die auch bis zur Einschulung und danach messbar bleibt. Doch das deutsche Durchschnittskrippenkind trifft auf ungenügend ausgebildetes Personal, zu große und oft zu altersgemischte Gruppen, vor allem zu wenige Betreuungspersonen und häufig auch noch zu wenig Platz. Wer will, wer kann mit 25 Kindern, zwischen zwei und sechs Jahren, mit lediglich zwei Erzieherinnen sprachliche Erziehung betreiben?

Die Mutter oder die Kinderfrau, die ein Kleinkind wickelt, brabbelt normalerweise auf das Kind ein, ölt und wäscht und kommentiert und lacht und liebt – ein endloser verbaler und nonverbaler Dialog. Die Erzieherin hakt bei zu vielen Kindern nur ab. Sie kann sich nicht so um das einzelne Kind kümmern, dass die Gruppenpflege zum Vorteil wird, weil die zu große Gruppe für alle Einschränkung bedeutet. Da werden etwa Eltern gebeten, den Kindern nur Schuhe mit Klettverschlüssen anzuziehen, da für das Binden von Schuhbändern keine Zeit sei.

Andere Krippen nehmen nur noch Vollzeitkinder, weil die ihr finanzielles Überleben sichern. Kinder, die nur drei Stunden kommen, die medizinisch-psychologisch empfohlene Zeitspanne für die Kleinsten, bedeuten finanzielle Einbußen. Für Kinder in benachteiligten Gegenden wird schließlich die volle Krippe ebenso zum verbalen Niemandsland wie ihre eigenen verwahrlosten Heime. Im Ende öffnet sich auch hier wieder die Klassenschere: In den miesesten Vierteln gibt es nicht nur die schlechtesten Schulen, sondern auch die ödesten Spielplätze und die am wenigsten aufregend ausgestatteten Kindergärten und Krippen. Die Fluktuation des Personals ist größer als sonst schon üblich, der mögliche Spracheffekt kann sich gar nicht erst entfalten.

Im Kinderfreundlichkeitsbericht der UNICEF vom Frühjahr 2007 fand sich Deutschland wie schon bei den Schulvergleichsstudien TIMMS und PISA im soliden Mittelfeld. Doch gab es einen Negativredkord: Mehr als die Hälfte der befragten 15-jährigen klagten, dass ihre Eltern sich kaum mit ihnen unterhalten würden. In der Rubrik „Beziehungen“ versuchten die Forscher vom Florentiner Innocenti Institut zu ergründen, wie viel Zeit Eltern der Unterhaltung mit ihren Kindern widmen. Auf die Frage: „Ganz allgemein, wie oft nehmen sich deine Eltern Zeit, um einfach so mit dir zu reden?“ antworteten nur 45 Prozent der deutschen Kinder mit „regelmäßig“.

Glaubt irgendjemand, dass in einer überfüllten Krippe die Kinder, die schon zuhause angeschwiegen werden, das volle Sprachprogramm eines lebendigen Austausches genießen können? Wo keine Zeit für Schnürsenkel und Wickelgeschwätz ist, kann man ernsthaft kaum Zeit für individuelle Sprachförderung erwarten.

Solange die Maßstäbe für die gute Krippe nicht verbindlich festgelegt sind, können und brauchen sie nicht eingehalten werden. Solange sich zu viele Kinder mit der Satt- und Sauber-Verwahrung zufriedengeben müssen, so lange sollte man sich von Krippen ehrlicherweise pädagogisch und entwicklungspsychologisch nichts Gutes erwarten.

Das Hohelied auf die qualitativ hoch stehende Krippe klingt wunderbar, doch hat es mit der Realität jetzt schon nicht sehr viel zu tun. Bei rasantem Ausbau und steigendem Mangel an Erziehern kann sich die Situation nur verschlechtern. Bestens ausgebildete Betreuer, kleine Gruppen, Kinder über 18 Monate und eine Verweildauer von nicht mehr als 20 bis 30 Stunden pro Woche – das ist kein lässlicher Luxus, sondern Voraussetzung für die gute Krippe. Wenn Mütter/Väter lieber bei ihren Kleinkindern bleiben, ist das nicht nur ihrer konservativen elterlichen Seele geschuldet, sondern häufig genug auch eine Antwort auf den nicht gerade Vertrauen erweckenden Personalschlüssel, den häufigen Personalwechsel und die mangelnde Intimität in vielen Stätten frühkindlicher Erziehung.

14.
Die Fremdbetreuer

Nannies

Frühkindliche Bildung ist Menschenbildung. Sie liegt in den Händen der Mütter und Väter. Sie kann aber auch in die Hände Fremder gelegt werden. Ältestes Modell ist die *nanny*. Nanny ist englisch und definiert die *child's nurse*, eine Kinderschwester. Traditionell war die Nanny Teil des Gesindes in einem großen Haushalt. Ihre direkte Vorgesetzte war die Dame des Hauses. Nannies hatten wegen ihrer Aufgaben in der Kinderpflege einen höheren Status als andere Bedienstete. Nannies blieben oft jahrelang bei einer Familie und zogen ganze Geschwisterreihen auf. In deutschen Haushalten hießen sie auch Kinderfrauen oder Kindermädchen, diese prägten zuweilen den Nachwuchs mehrerer Generationen.

Die berühmteste Nanny ist Mary Poppins, das Kindermädchen als Endlosschleife von guten Taten, guten Einfällen, guten Liedern, prächtigen Reimen und Wörtern und einigen Wundern. Fran Fine, gespielt von Fran Drescher, ist das durchgeknallte Kindermädchen in „Die Nanny", einer amerikanischen Serie, die bei uns am Vormittag zu sehen ist. Sie ist nicht so proper wie Julie Andrews, singt auch nicht, aber sie ist schlagfertig, hat das Herz am rechten Fleck und sie ist immer auf der Seite der Kinder, die ihr von dem verwitweten Vater anvertraut sind. Die bekannteste Nanny der Literatur ist Jane Eyre aus Charlotte Brontes gleichnamigem Roman.

Die wahre englische Nanny ist heute ein Exemplar, das sich nur Besserverdienende leisten können. Diese sehr gepflegten und gut ausgebildeten Damen sind selten unterhaltsam, sie tanzen und singen auch nicht, rühren für gewöhnlich nicht den Staubsauger an, wissen aber bestens Bescheid, wie man mit einem neugeborenen Säugling umgeht. Sie sind für die junge, total verunsicherte Mutter die fleischgewordene Beruhigungspille. Wenn sich schon nicht Nesthäkchens Mutter dauernd liebevoll über die Wiege beugen kann, sollte es wenigstens so eine Nanny sein. Wenn sie dann noch Uniform trägt, was heute nicht mehr alle Nannies tun, und diese Uniform vielleicht die Farbe von Porridge hat, dann hat man es mit einer *Norland Nanny* zu tun.

Nannies vom Norland College sind so etwas wie der Rolls Royce unter den Kinderpflegern. Seit 1892 bildet das Norland College, das heute in Bath beheimatet ist, junge Damen der Mittelschicht in Kinderpflege aus. Die Gründerin, Emily Ward, eine Lehrerin, die Fröbel und Montessori gelesen hatte, war die erste, die die Kleinkindbetreuung derart professionalisierte. Sie wollte aufräumen mit der bis dato geübten Praxis, die Kinder dem Dienstpersonal zu überlassen. Für sie gehörten neben der obersten Tugend der Integrität, Loyalität, Selbstlosigkeit und Disziplin einiges Fachwissen und wenn schon nicht Liebe, dann wenigstens Wärme zur Grundausstattung einer echten Nanny. *„Children First!"* – „Erst kommt das Kind!" könnte das Motto der Norlanderinnen lauten. Eigene Interessen und Bedürfnisse sind dem Wohl und Wehe des ihnen anvertrauten Kindes untergeordnet. Das heißt freilich nicht, dass Norland Nannies für Gotteslohn arbeiten. Sie sind teuer, aber jeden Cent wert.

Die Mädchen aus gutem Hause, die sich für das zweijährige Studium entscheiden, müssen durch eine harte Auslese gehen. Tausende bewerben sich für jährlich nur 25 Plätze, ehe sie die 18 000 Pfund Studiengebühren bezahlen dürfen. Die jungen Damen haben mindestens die Mittlere Reife, oft auch das Abitur, sprechen Fremdsprachen und haben schon Erfahrungen in der Kinderbetreuung gesammelt. Zwei Ausbildungswege werden angeboten: ein praktischer und ein eher theoretischer. Das praktische Diplom, das man nach zwei Jahren College und einem Jahr in einer Familie erhält, heißt *Norland Diploma of Childcare and Education*. Im eher theoretischen Studium für das *Diploma of*

Higher Education in Early Childhood Studies werden die Gebiete der Kindesentwicklung, des Gesundheitswesens, Kindesrecht und Kinderschutz sowie die Notwendigkeit der Gestaltung der Beziehung zu den Eltern gelehrt.

Wer sich eine Norland Nanny leisten kann, kann seine Kinder getrost für ein Wochenende abgeben, er wird sie besser zurückkriegen als er sie verlassen hat. Norland Nannies sind teuer, schließlich haben sie viel in ihr Studium investiert und bringen eine Menge gute Eigenschaften mit. Anders als Fran, die Nanny aus der US-Fernseh-Serie, wackeln sie auch nicht mit dem Hintern oder verlieben sich in den Hausherrn, sondern sie versehen in vernünftigen Schuhen, dunklen Strümpfen, langem Schwesternkleid und Schürze ihren verantwortungsvollen Job im Kinderzimmer. Alles, was die Kinder betrifft, ist ihr Aufgabenfeld, das sie in engem Kontakt mit den Eltern abstecken. Sie kochen für die Kinder, kennen sich aus in Diätetik und fühlen sich für ein stimulierendes Bildungsangebot für die Kleinsten verantwortlich. Wer mehrere Kinder hat, behält sie gerne über Jahre.

Der Job einer Qualitäts-Nanny ist krisensicher. Es gibt stets mehr offene Stellen als Bewerberinnen. Die Norlander haben ihr eigenes Vermittlungsbüro. International aber haben sich Nannies zum ersten Mal 1985 in der INA – International Nanny Association – organisiert. Wer nach so einem pflichtbewussten Wunderwesen wie einer Norland Nanny Ausschau hält, sollte eine kleine Wohnung und ein Auto bereithalten, vier Wochen bezahlten Urlaub gewähren, sich damit abfinden, dass die Nanny jede Woche zwei Tage hintereinander frei hat und mit einem zusätzlichen Anfangsgehalt von mindestens 20 000 Euro pro Jahr rechnet. Im Ausland hat dieses Gehalt keine Obergrenze. Dafür hat man eine seriöse Kinderfrau, die mit britischer Gelassenheit Orts- und Ehepartnerwechsel abwettert und ihre Schützlinge mit Wärme und Kompetenz durch die ersten Lebensjahre führt.

Eine gute Nanny ist ein echter Profi, sie ist kein Muttterersatz, aber eine phantastische Ergänzung, insbesondere, wenn sie gelernt hat in enger Absprache mit den Eltern die Kindererziehung zu gestalten. Unglückseligerweise sind ihre Dienste so teuer, dass sich 97,5 Prozent der jungen Eltern/Mütter, die zu gern eine Nanny hätten, nach einer billigeren Lösung umsehen. Das sind dann die Au-pair-Mädchen.

Das Au-Pair-Mädchen

Wenn die Nanny der Rolls Royce der Kleinkindbetreuung ist, dann ist das Au-pair-Mädchen eher der Fiat 500. Au-pair-Mädchen sind junge Schulabgängerinnen, die die Welt sehen wollen, andere Menschen, andere Sprachen kennen lernen möchten, aber nicht mit Eltern gesegnet sind, die ihnen Auslandsaufenthalte spendieren können. Sie verdingen sich in Familien als Babysitter, erhalten dafür Wohnung und ein kleines Taschengeld. Ihr primäres Interesse sind nicht die Kinder, sondern das Leben im Ausland und das Kennenlernen anderer junger Leute. Wenn man Glück hat, kommen sie aus kindereichen Familien und wissen, wie man mit Kindern umgeht, sind vielleicht sogar kinderlieb. Wenn man Pech hat, interessieren sie sich überhaupt nicht für die Aufgaben, für die sie angeheuert wurden. Auf Spielplätzen können sie schnell ihre Schützlinge aus dem Auge verlieren, weil sie sich intensiv mit anderen (Au-pair-) Mädchen unterhalten. Sie haben in der Regel keinerlei Vorbildung in der Kinderpflege und sollten für kleine Kinder keine zu große Verantwortung übernehmen. Man sollte sie nicht ein Wochenende mit zwei kleinen Kindern allein lassen. Au-pairs sind eine Entlastung für die Mutter, sie schaffen Freiräume für Teilzeit- oder Heimarbeiter, sie sind aber keine Vertretung für eine dauerhaft abwesende berufstätige Mutter. Aus der Sicht der Kinder ist ihr größter Nachteil nicht nur ihre Unerfahrenheit, sondern ihre kurze Aufenthaltsdauer. Sie bleiben kaum länger als sechs bis zwölf Monate, was für die Kleinen ständigen Betreuerwechsel bedeutet. Da man sie meist wie „die Katz im Sack" kauft, kann der Aufenthalt auch wesentlich kürzer ausfallen. Manches Au-pair-Mädchen kann nicht einmal Wasser kochen, andere nehmen es mit der Zuverlässigkeit nicht so genau, viele gehen gern nachts aus und sprechen schlecht oder gar nicht Deutsch.

Die Tagesmutter

Neben den Großmüttern, Tanten, Cousinen, die sich wie in alten Zeiten in großer Zahl um den Nachwuchs kümmern, falls die Mutter beruflich engagiert ist, sind Tagesmütter die am stärksten genutzte Form der Fremdbetreuung. Die Tagesmutter kann eine Freundin sein, die Kinder im selben Alter hat, sie kann eine Nachbarin sein, die lieber zuhause bei ihrem Kind bleibt, sie kann auch eine Erzieherin sein, die das Familienmodell dem Tagesstättenmodell vorzieht. Das Positive für Eltern, die nach Fremdbetreuung suchen, scheint die Überschaubarkeit der Gruppe und die relative Flexibilität der Zeiten zu sein. Der jungen Mutter, die sich schwertut, sich überhaupt von ihrem Kind zu trennen, ist eine andere junge oder ältere Mutter, die sie in ihrer Wohnung aufsucht, oft sympathischer als die Krippe. Krippe ist Institution, Tagesmutter ist fast wie zuhause.

Frühpädagogen wie Wassilios Fthenakis erkennen zwar an, dass in Ländern wie Schweden und auch Frankreich Tagesmütter eine große Rolle spielen, fürchten aber, dass sie fachlich nicht leisten, was Krippen leisten können: „In den Krippen können wir professionelles Personal sichern, das kann man bei den Tagesmüttern nie garantieren. Krippen sind auch effizienter, wenn es um Sprachentwicklung geht. In der sozialen Kompetenz sind allerdings die Tagesmütter überlegen, da müssen die Krippen noch kompetent werden." Schuld an dem unbefriedigenden Ausbildungsstand der Tagesmütter ist ein diffuses Anforderungsprofil, das auch noch von Bundesland zu Bundesland variiert. Der Tagesmütter-Bundesverband e.V. hat sich zur Qualifizierung von Tagesmüttern in Deutschland allerlei Gedanken gemacht und großes Bedauern geäußert, dass die Curricula für Tagesmütter von Träger zu Träger und Land zu Land so unterschiedlich sind, dass der Kursumfang zwischen 420 und 9 Stunden betragen kann.

Nun hat zwar das Krippenpersonal eine einigermaßen einheitliche Ausbildung für Kinderpfleger und Erzieher durchlaufen, indes gilt die deutsche Ausbildung durchweg nicht als vorbildlich und gerade für die Jüngsten kann man sie häufig genug defizitär nennen. Man sollte von einer Kinderpflegerin mit Hauptschulabschluss und einjähriger Ausbildung nicht die größten Einsichten in die kognitive Entwicklung seines Kleinkindes erwarten. Da scheint die gestandene Mutter zweier Kinder, die sich in ihrer Auszeit auch um andere Kinder kümmern möchte, weitaus Vertrauen erweckender. Für sehr kleine Kinder wird die Mehrheit der Mütter stets das Tagesmuttermodell dem Krippenmodell vorziehen, auch wenn die *dagis*, wie sie in Schweden genannt werden, nicht so professionell ausgebildet sind wie die Krippenerzieherinnen.

Nur weil es bislang kein stringentes Tagesmutter-System gibt, sollte ein solches in Zukunft nicht unmöglich sein. Es ist eine Überlegung wert, auch und gerade von Seiten der Politik, im Bund wie in den Ländern, die Ausbildung der Tagesmütter zu professionalisieren und sie vor allem mit Beratungsdiensten zu vernetzen und in Fortbildungen zu zwingen. Mit Tagesmüttern werden den Kindern in den ersten wichtigen Jahren die dauernden Personalwechsel, die in der institutionalisierten Tagesbetreuung gang und gäbe sind, erspart. Auch kann die Tagesmutter individuell flexibler auf einzelne Wünsche nach Zeiten und Tagen eingehen als die Krippe, die für gewöhnlich noch immer mit festen Zeiten planen muss.

Krankheit und Tagespflege

Schließlich und nicht ganz unwichtig, ziehen auch Mediziner oft die Tagesmütter den Krippen vor, weil die Infektionsgefahr in der kleinen Gruppe – zwischen zwei und fünf Kindern – geringer ist als in der Krippe, die alles zwischen zwölf und 50 Kindern versammelt und in altersgemischten Gruppen noch weit mehr Kinder unterbringt.

Schon 1991 wurde auf Tagesbetreuungszentren als Brutstätten von ansteckenden Krankheiten im amerikanischen Fachblatt für

Kinderheilkunde, Pedriatic Annals, (20 (1991): 403) unter dem alarmierenden Titel *„Day Care, Day Care: May Day, May Day!“* („Kita, Kita: SOS, SOS!“) gewarnt. In dem Beitrag wurde nicht nur auf die Risiken für die Kleinkinder hingewiesen, sondern auch auf die für schwangere Mütter und schwangere Betreuerinnen. Kinder in institutionalisierter Pflege werden häufiger krank als andere, das ist vor allem für die berühmte Mittelohrentzündung nachgewiesen. Jede Mutter kennt die klebrigen, rosafarbenen, antibiotischen Säfte, die die Kinder öfter einnehmen müssen. Mittelohrentzündung ist nicht ansteckend, aber Infektionen der oberen Atemwege sind es und von dort ist der Weg zur Mittelohrentzündung nicht weit. Tagespflege gilt als überverantwortlich für die Zunahme an Mittelohrentzündungen.

Kranke Kinder sind ein Problem für alle Kinderbetreuung. Doch es bedarf keiner großen Phantasie, um sich auszumalen, dass ein fiebriges Kleinkind, das mit Durchfall nicht nur eine Pflegerin bindet und schnell den schönsten Betreuungsschlüssel ruiniert, auch noch viele andere Babys/Kleinkinder anstecken kann. Aus amerikanischen Studien wissen wir, dass immerhin 41 Prozent der Mütter zugeben, dass ihre Arbeitssituation die Gesundheit ihrer Kinder negativ beeinflusst hat, ob Arztbesuche zu lange aufgeschoben wurden oder der Beginn von Krankheiten ignoriert wurde.

Normalerweise wird dieses Dilemma aus der Sicht der gestressten Mutter diskutiert, die zerrissen zwischen ihren Berufspflichten und dem kranken Baby ist. Der Stress, den das erkrankte Kind erlebt, die Verlassenheit im Moment höchster Empfindlichkeit, sie werden als unvermeidbar hingenommen.

Interessanterweise ist das Leben von Babys in Krippen weniger bedroht als in der privaten Pflege in der eigenen oder einer fremden Familie. Eine Untersuchung der City University in New York aus dem Jahre 2005 fand heraus, dass in einem Zeitraum von 1989 bis 2003 203 Babys durch Schütteln zu Tode kamen, alle in privater häuslicher Pflege, während in Tagesstätten kein Todesfall durch Schütteln zu verzeichnen war. Julia Wrigley, eine der Autorinnen der Studie erklärte damals: „Keine Kinderbetreuung ist eindeutig die beste für alle Kinder, aber wenn es um Sicherheit geht, dann haben größere Institutionen einen Vorteil." Krippen hatten dafür mehr Beinahe-Unfälle: Kinder, die auf die Straße liefen oder gar im Bus vergessen wurden.

Babys sind die hilflosesten Wesen im gesamten Betreuungskomplex.

Und die größte Gefahr droht ihnen von privaten Betreuern in informellen häuslichen Arrangements, die, entnervt von endlosem Geschrei, die Kinder zu heftig schütteln. Dies ist ein krasser Fall von Unkenntnis. Mit verbesserter Schulung etwa von Tagemüttern müsste sich dieses Fehlverhalten sehr vermindern lassen.

Kinderpflegerinnen, Kinderpfleger

In Kinderkrippen, in denen Kinder zwischen null und drei Jahren betreut werden, arbeiten Erzieherinnen und vor allem Kinderpflegerinnen. Kinderpflegerinnen und -pfleger erhalten in der Regel eine zweijährige Ausbildung an Fachschulen oder Sozialakademien. Es reicht der Hauptschulabschluss, viele Bewerber haben die Mittlere Reife. Die Fachschüler müssen eine Menge so genannte Ausarbeitungen schreiben, die vor allem der Verbesserung ihrer Deutschkenntnisse dienen, sie lernen ein bisschen Englisch, Gesundheitslehre, die Grundrechenarten, Kochen, Sozialkunde, Kunsterziehung, Musik, Religion, Bewegungserziehung. Im zweiten Jahr folgen dann Säuglingspflege und Praxis- und Methodenlehre. In jedem Jahr gibt es zwei Praxiswochen in einem Kindergarten oder einer Krippe und jede Woche einen Praxistag. Kommentar einer Fachschülerin im Internet: „Wenig Freizeit, viel Schreiben." Die Schüler, die die Ausbildung wählten, weil sie Kinder gern haben, werden statt mit Kindern mit viel halbverdauter Theorie konfrontiert. Manche frischgebackene Kinderpflegerin steigt gleich nach dem Examen schon wieder aus. Viele benutzen den Abschluss bloß, um auf die Fachoberschule zu gelangen oder die Erzieher-Ausbildung aufzunehmen, bisweilen gehen sie auch einfach nur ins Büro. In jedem Fall erscheint diese Ausbildung für die Betreuerinnen der jüngsten Kinder nicht das denkbar beste Angebot zu sein.

„Eine Krippe ist nur dann gut, wenn sie die am besten ausgebildeten Pädagogen im Bildungssystem hat und aufs engste mit der Familie kooperiert", notiert Fthenakis. Haupt- oder Realschulabschluss und zwei Jahre an der Fachschule – das reicht für beste Qualität? Nicht nur Krippengegner beschleichen da Zweifel. Ein Tierpfleger, so einer wie die „Ersatzmutter" von Eisbär Knut, muss eine dreijährige Ausbildung durchlaufen. Das sollte uns nachdenklich stimmen.

Es ist immer sehr erhellend, im Internet nach Stimmungen zu suchen. Wer „Kinderpflegerin", „Kinderpflegerinnenausbildung" oder „Kinderpflegerinnenschule" googelt, kommt an manchen Tagen aus dem Staunen nicht heraus. Von großer Pädagogik ist eher selten die Rede.

Erzieherinnen, Erzieher

Glücklicherweise gibt es ja noch die Erzieher: 360 000 von ihnen sind weiblichen, nur 16000 männlichen Geschlechts. Die werden zwar auch nicht an der Universität oder Fachhochschule ausgebildet, ihre Kursdauer liegt auch nur bei zwei Jahren, aber sie sollten die Mittlere Reife haben, ein Vorpraktikum vorweisen, vielleicht sogar eine abgeschlossene Berufsausbildung. Nach einem Anerkennungsjahr können sie sich mit dem Gütesiegel „staatlich geprüft" schmücken. Das Bildungsziel der Erzieherin, so etwa das Heidelberger Fachschulzentrum, ist „…sie in Ihrer Erzieherpersönlichkeit zu stärken und sie zu befähigen, Erziehungs- und Bildungsprozesse für Kinder und Jugendliche selbständig und eigenverantwortlich zu entwerfen und umzusetzen". Ob Erzieherinnen mit dieser Ausbildung die Speerspitze der Frühkindpädagogik sein können, denen Eltern frohgemut ihre Vorkindergarten-Kinder anvertrauen sollten, bleibt zweifelhaft.

Nur die Bundesagentur für Arbeit scheint da keine Zweifel zu haben. Die sieht die Erzieher offenbar immer noch als Aufseher von Spielstätten: „Sie betreuen und beaufsichtigen die Kinder, fördern ihr soziales Verhalten und treiben ihre Entwicklung voran. So malen, spielen, basteln und singen sie mit den Kindern, erzählen ihnen Geschichten und machen Ausflüge“ heißt es im „Berufenet“ der Agentur. Diese Beschreibung freilich kann nur unterqualifizierte Berufsanfänger anziehen.

Wenn es wirklich um die bestmögliche Bildung für die sensible Phase zwischen null und drei geht, müssen wir vermutlich zuallererst die Ausbildung der Pädagogen anheben, wie das in fast allen europäischen Ländern der Fall ist, und parallel für die zukünftig anspruchsvollen Babylehrer entsprechend anspruchsvolle Curricula entwickeln wie etwa die Engländer mit ihrem *„Birth to Three Matters“* (von dem es eine an deutsche Verhältnisse angepasste Version, „Wach, neugierig, klug – Kinder unter 3“, bereits gibt). Kinder einfach nur zu lieben, ist eine hinlängliche, aber wohl kaum ausreichende Voraussetzung für die Aufgabe des Erziehers.

Der bundesweit erste Bachelor-Studiengang für Frühpädagogik an der Alice-Salomon-Fachhochschule in Berlin kann sich vor Bewerbern nicht retten, nimmt aber nur 40 Studenten pro Jahr auf. Die ersten von ihnen gehen jetzt in den Praxistest und haben Anspruch auf mehr Gehalt als ihre Kollegen aus den Fachschulen. Nachahmer gibt es nur im Bereich der Zusatzstudien. Etwa 30 Hochschulen bieten mittlerweile Studiengänge in Frühpädagogik an, meistens als Weiterbildung, seltener als grundständiges Studium. Es wird noch ein paar Jahre dauern, bis die so Weitergebildeten in die neuen Krippen einlaufen können.

Auf jeden Fall sollten weder die Politiker noch die berufstätigen Mütter angesichts der angepeilten halben Million Krippenplätze in Euphorie verfallen. Schon heute herrscht eher Mangel an guten Erziehern. In Bremen verfiel man darum vor ein paar Jahren auf die ebenso umstrittene wie originelle Idee, Sozialhilfeempfänger in zweijährigen Kursen zu Sozialassistenten für Tageseinrichtungen zu schulen. Für die stets beschworene qualitativ hoch stehende Krippe wird solch Personal kaum reichen. In Köln etwa werden ab Herbst 100 Hortnerinnen ohne Umschulung in Krippen gesteckt – heute noch Hausaufgabenbeaufsichtigung für Drittklässler und ein bisschen Fußball, morgen Hoppe-Hoppe-Reiter, Wickeln und Füttern. Die Kleinsten werden es schon nicht merken. Und wenn doch? Ihren Protest hört ja niemand. „Die Ausbildung bereitet Erzieherinnen überwiegend auf die Arbeit mit Kindern über drei vor", heißt es in der Befragung von Fachverantwortlichen zur Qualifizierung von Mitarbeitern in Kitas für Unter-Dreijährige von der Bertelsmann Stiftung. Über 45 Prozent der Fachverantwortlichen bewerten die Qualifizierung der Erzieherinnen als nicht so gut (43 Prozent) bis schlecht (4,9 Prozent) und sehr schlecht (0,2 Prozent). Das sind beunruhigende Zahlen.

Etwa 7000 Erzieherinnen und Erzieher verlassen jährlich die Fachschulen. Das kann nicht den Bedarf decken. Schließlich werden sie nicht nur für die neuen Krippenplätze ausgebildet, sondern vor allem für die alten Kindergartenplätze. Dort wird eine ähnliche Überalterung wie in den Schulen in nicht so ferner Zukunft für eine große Pensionierungswelle sorgen. Doch die Familienministerin wird das optimistisch weglächeln, schließlich hatte sie nur eine tolle Idee, die Ausführung ist ihre Sache nicht. Für eine halbe Million Krippenplätze brauchen wir bei einem nicht einmal idealen Personalschlüssel von eins zu fünf nur 100 000 neue hochqualitative, professionelle, kommunikative Frühpädagogen. Peanuts! In sechs Jahren ist das locker zu schaffen.

15.
Das Gleichgewicht zwischen Arbeit und Leben

Die Vereinbarkeit von Beruf und Familie hat bis vor gar nicht langer Zeit sehr schön geklappt – für die Männer. Die Frauen waren zuhause und kümmerten sich um den Rest. Die Vereinbarkeit von Beruf und Familie wurde erst zu einem Problem, weil die Ehefrauen und Mütter auch für Geld arbeiten wollten oder oft mussten. Wohin während der Arbeitsstunden mit den Babys, den Kleinkindern, den Kindergartenkindern, den Schulkindern? Selbst mit flächendeckender Krippen- und Kindergartenausstattung kann man die unberechenbaren Kleinen nicht zuverlässig zufriedenstellen. Kleine Kinder werden häufig krank, sind anfällig und brauchen Liebe und Pflege in einem Umfang, den die durchschnittliche Betreuungs-Institution kaum leisten kann.

Die Arbeitswelt geht immer noch von dem in der Soziologie *ideal worker* genannten Arbeitnehmer aus. Ein Mensch, der 40 Jahre lang ununterbrochen arbeitet. Dieser „ideale Arbeiter" schließt Menschen aus, die Kinder kriegen und großziehen. Das Ideal ist um den männlichen Körper herum entstanden, wie die amerikanische Rechtsprofessorin Joan Williams bemerkte, der sich mit Schwangerschaften nicht aufhalten muss. Das Ideal ist bestimmt vom männlichen Lebensmuster. Denn die Frauen verrichten immer noch 80 bis 90 Prozent der Kindererziehung, -pflege und -betreuung. Kein Wunder, dass Mütter es für schwierig bis unmöglich halten, einem Modell zu entsprechen, dass für Männer geformt worden ist und das von einem Netz von Familienarbeit zusammengehalten werden sollte. Frauen können von so einem Netz der Zuarbeit meist nur träumen.

Zwei Drittel aller Mütter geben keinen idealen Arbeiter ab. Sie können nicht jahrein, jahraus Vollzeit arbeiten und schon gar keine Überstunden in den entscheidenden Jahren ihrer Kinder machen. Dummerweise sind diese Schlüsseljahre der Kinder auch die Jahre, in denen eine mögliche Karriere gestartet und festgezurrt wird. Viele Eltern empfinden sich auch in der Zwickmühle zwischen ihren Berufs- und Familienidealen. In Zeiten wie den unseren, in denen Überstunden mit zum Arbeitsethos gehören, müssen die Kinder von zwei vollberufstätigen Eltern automatisch von sieben oder acht Uhr morgens bis sechs, sieben oder acht Uhr abends ohne ihre Eltern auskommen. Natürlich widerspricht das der weit verbreiteten Einstellung, dass Kinder ein Recht auf Zeit mit ihren Eltern haben. Viele Mütter und so mancher Vater sind nicht bereit, an der Zeitschraube für ihre Kinder zu drehen. Logischerweise müssten wir also unsere Definition von der idealen Arbeit und dem idealen Arbeiter verändern.

Das männliche Arbeitsmodell, sagen seine Verteidiger, ist gut für die Frauen, es erlaubt ihnen mit Hilfe öffentlicher Maßnahmen gleich wieder voll einzusteigen. Ein weibliches Modell, das die Erziehung von Kindern und die Berufstätigkeit anders sequenziert, ist diesen Verteidigern ein wahrer Albtraum, auch wenn es den Bedürfnissen von Müttern und Kindern mehr entspricht. Professor Neil Gilbert von Berkeley/University of California hat fein beobachtet, dass Maßnahmen wie Frei-Zeiten für Eltern, Ganztagsschulen, Ganztagskrippen oder freie Tage für kranke Kinder uns zwar als „familienfreundlich" verkauft werden, aber ehrlicherweise „marktfreundlich" genannt werden sollten, weil sie lediglich der verstärkten Partizipation der Frauen am Arbeitsmarkt dienen.

Bis heute wird automatisch damit gerechnet, dass Frauen/Mütter sich an das männliche Modell anpassen. Tun sie es, sind die Kinder die Opfer, tun sie es nicht, sind sie selbst die Opfer. Freilich hat die männlich orientierte Arbeitswelt manche berufstätige Mutter so konditioniert, dass sie die Opfer, die die Kinder bringen, längst wegrationalisiert hat. Wenn ein Kind zu früh in die Fremdbetreuung kommt und darüber Trauer und Kummer zeigt (reden kann es ja meist noch nicht), dann hört man oft: „Ja aber nach zwei, drei Monaten war das vorbei." Erwachsene, die zwei, drei Monate traurig sind, landen in der Psychiatrie, mindestens aber bei ihrem Hausarzt, der ihnen dann etwas verschreibt, das ihre Laune wieder aufhellt und vermutlich zu einer Veränderung der Umstände rät. Die vollberufstätige Mutter, die acht bis zehn Stunden ihr Kind nicht sieht, beteuert stets: „Also, wenn ich irgendetwas bemerken sollte, dann würde ich natürlich reagieren, dann würde ich bei mir etwas verändern." Was und wie viel kann sie bemerken, wenn sie die meisten wachen Stunden der Arbeitswoche gar nicht zuhause ist? Das einjährige Kind muss da selber durch, manche schaffen es, andere nicht.

Wer die Berufstätigkeit der Mütter aus der Perspektive der kleinen Kinder betrachtet, kann kaum die Krippe, der muss die Veränderung der Arbeitswelt als vordringlich erkennen. Denn das bestehende System ist schlecht für die Männer/Väter, noch schlechter für die Frauen/Mütter und am schlechtesten für die Kinder. Ideal wäre eine Arbeitswelt, in der beide Elternteile, Väter wie Mütter, einen bedeutenden Teil ihrer Zeit mit ihren Kindern verbringen könnten, ohne die üblichen Nachteile für ihren Job zu erleiden. Zu den Nachteilen gehört, dass jeder, der Teilzeit arbeitet, eo ipso marginalisiert wird, aus jeder Karriereschiene rausfliegt, dass Mütter, die wieder einsteigen, in einer Malus-Steuerklasse landen, dass Mütter, die ein paar Jahre Kinder betreut haben, keine Gutschriften in der Sozialversicherung bekommen. Eigentlich leiden alle Frauen unter dem gegenwärtigen Verständnis von Vollzeitarbeit, weil Arbeitgeber sie allein schon wegen einer möglichen Schwangerschaft und einem möglichen Ausscheiden nicht ganz ernst nehmen.

Es macht ganz den Eindruck, dass viele Frauen den Arbeitsmarkt aus Desillusion über eine Arbeitskultur verlassen, die es niemandem leicht macht, Kinder so großzuziehen, wie sie es verdienen. Der gute alte Feminismus trägt daran ein gerüttelt Maß an Mitschuld. Er erwartete von Frauen, dass sie wie Männer funktionieren und ignorierte oder verneinte sogar, dass Frauen wenn sie Mütter werden ein starkes Fürsorgegefühl für ihre Kinder entwickeln. Die Lösung schien die Fremdpflege zu sein.

Mit vielen Müttern war das nicht zu machen, viele gaben gern ihre Arbeit auf und fühlten sich von der so genannten Doppelbelastung überfordert. Unklar bleibt dabei, ob Mütter zu viel von sich erwarten oder ob sie ihre Ziele nach der Geburt der Kinder verändern, ob sie instinktiv handeln oder auf die negativen Umstände des Arbeitsmarktes einfach nur reagieren. Es gibt eine Theorie, die besagt, dass Mütter in unserer Arbeitskultur gar keine „echte“ Wahl treffen können. Vollzeit, Teilzeit mit allen Nachteilen oder Ausscheiden sind keine echte Wahl. Wenn sie die Wahl hätten, weniger Stunden zu arbeiten, ohne aus der Karrierebahn zu fliegen, hätten sie vielleicht diese Möglichkeit gewählt. Viele Mütter, die männliche Wochenstunden abarbeiten, würden es vorziehen weniger Stunden zu arbeiten, wenn man ihnen die Option anbieten würde.

Unlängst wurde in der University of California ein Paper produziert, dass sich mit genau diesem Problem beschäftigt und den schönen Titel *„Opt out or Pushed out?“* („Freiwillig gehen oder rausgedrängt?“) trägt und die Gründe untersucht, warum Frauen aus dem Beruf – länger oder kürzer – ausscheiden. Längst nicht alle steigen aus, weil sie sich für die Mutterschiene aus konservativem Herzen entschieden haben. Sie wollen für ihre Kinder da sein, sehen aber keine Option für eine Berufstätigkeit bei verminderter Stundenzahl.

Bei den Vätern, wen wundert's, ist die Geschichte nicht so eindeutig. Viele Väter würden auch gern mehr für die Kinder da sein, fühlen sich aber der Karriere verpflichtet, weil sie als Versorger der Familie punkten wollen. Eine größere Anzahl von Männern hat auf den Konkurrenzkampf keine Lust mehr und würde gerne mehr Zeit für die Familie, die Kinder und sich selbst haben. Ein nicht unbeträchtlicher Teil der berufstätigen Männer arbeitet indes so viel, dass er gar kein Familienleben hat. Das sind die Männer, die das Wort Freizeit nicht mehr buchstabieren können, nicht wissen, welches Kind in welchem Schuljahr ist, und die Geburtstage ebenso vergessen, wie sie ihre Anwesenheit bei Schulaufführungen oder Mannschaftsspielen der Kinder zum raren Ereignis machen.

In einer idealen Arbeitswelt gäbe es viel mehr Flexibilität ohne den Preis der Marginalisierung, wie es jetzt üblich ist. Was wir bräuchten, wäre ein Abschied von der Mutter-Schiene und die Einführung einer Politik, die höchst anspruchsvolle Arbeit mit reduzierter Stundenzahl möglich macht und ein langsameres, aber dennoch zuverlässiges Fortkommen bei gleichem Gehalt mit entsprechenden Beihilfen garantiert. Den meisten Müttern (wie übrigens den meisten Vätern auch) geht es ja noch nicht einmal um eine steile Karriere, sondern um die Ausübung des erlernten Berufes in einem Umfang, der sich mit den Bedürfnissen der Familie verträgt.

Wenn wir die Bedingungen jetzt nicht ändern, wird auch die nächste Generation wieder ihre Mütterkriege ausfechten. Bis wir das System so umbauen, dass Mütter und Väter nicht wählen müssen zwischen zuhause bleiben und berufstätig sein, sondern mit gutem Gewissen und zum Nutzen der Kinder ganz entspannt beides haben können. Das wäre eine echte Wahl, noch aber leben wir im Entweder-Oder. Noch wird die Berufstätigkeit der Mütter entweder auf dem Rücken der Kinder oder auf dem Rücken der Mütter ausgetragen. Das Modell, das einen Menschen voraussetzt, der 40 Jahre lang 40 Wochenstunden arbeitet, ohne Zeit für Pflege und Fürsorge in der Familie frei zu nehmen, benachteiligt Frauen/Mütter und schafft ein Klima, das auch für Kinder und Väter schädlich ist.

In den letzten Jahren sind einige individuelle Lösungen gefunden worden, die zeigen, dass man Frauen mit Kindern durchaus als wertvolle Mitarbeiter mit Zukunftsaussichten behalten kann ohne ihnen die Mutterschaft zu vermiesen. Internationale Beraterfirmen etwa, die ihre sehr guten Mitarbeiterinnen nur wegen der Geburt von Kindern nicht ganz verlieren wollen, bieten ihnen 60- und 80-Prozent-Verträge an und haben damit gute Erfahrungen gemacht. Flächendeckend und verbindlich aber ist für

Mütter bislang wenig für ihren Wunsch nach der entspannten Verbindung von Arbeit und Familie getan worden. *„It's the economy, stupid!"* war ein berühmter Wahlslogan in der amerikanischen Wahl von 1992. Der Schlachtruf trifft auch in der gegenwärtigen Krippendebatte den Nagel auf den Kopf: Es ist die Wirtschaft, es ist der Markt, es sind nicht die Krippen, Dummkopf!

16.
Was die Betroffenen zum Thema sagen

Acht Gespräche mit betroffenen Müttern und Vätern.
Wie machen sie es, wie schaffen sie es und wo haben sie Probleme entdeckt und Lösungen erkannt?

1.
Irgendwas ist falsch gelaufen

Max, 29, Doktorand
Verheiratet
Zwei Kinder, vier und ein Jahr alt
Hamburg

Ihr ward jung und eigentlich unabkömmlich. Was habt ihr im ersten Jahr mit eurem Säugling gemacht?

Max: Die ersten sechs Monate, als ich noch in meiner Magisterprüfung steckte, hat meine Frau sich ganz und gar um das Kind gekümmert. Nach der Prüfung im zweiten halben Jahr haben wir uns die Pflege und Aufsicht etwa ein Viertel zu drei Vierteln geteilt.

Warum habt ihr das Baby nicht in eine Krippe gegeben?

Max: Er erschien uns dafür zu jung. Er brauchte uns, war viel auf dem Arm, der hätte sich bei Fremden nicht wohl gefühlt. Er brauchte die Bindung an eine Person. Man muss sein Kind da genau beobachten. Man merkt ja, ob ein Kind reif ist, Kasimir wollte gar nicht vom Arm seiner Mutter herunter. Ihm eine andere Person zuzumuten war gar nicht denkbar.

Vor seinem ersten Geburtstag fing er an sich zu öffnen, konnte sich auch mal von seiner Mutter lösen, spielte auch schon mal allein. Da haben wir uns langsam nach einer Tagesmutter umgesehen. Wir fanden eine fünf Minuten von unserem Haus entfernt. Sie hatte noch ein weiteres Kind in Pflege und auch ein eigenes Kind, das schon im Kindergarten war. Wenn die Tochter nach Hause kam, spielte sie auch mit den Babys. Das gefiel uns gut.

Konnte euer Sohn schon laufen, als er zu der Tagsmutter kam und hat er den Abschied von den Eltern problemlos bewältigt?

Max: Nein, laufen konnte er noch nicht. Es gibt eine Eingewöhnungszeit von vier bis acht Wochen, da geht ein Elternteil täglich ein bis zwei Stunden mit in die Betreuung. Die ersten Male hat er geweint, wenn wir gingen. Aber das hörte auf, wenn wir weg waren, das konnten wir ja hören. Wenn wir ihn abholten, kam er uns zwar hocherfreut entgegen, aber er weinte nie, schien immer sehr vergnügt.

Wie viele Stunden war der Junge bei der Tagesmutter?

Max: Zunächst drei Stunden, später vier Stunden und als ich für ein halbes Jahr ein Praktikum außerhalb Hamburgs machen musste, war er auch sechs Stunden täglich bei der Tagesmutter. Da schlief er ja auch eine Stunde, also waren es etwa fünf Stunden.

Wie hat er denn die Erhöhung der Stundenzahl verkraftet?

Max: Man weiß ja bei Kindern nie, warum sie quengelig sind, ob's wegen einer Kolik ist oder allgemeines Unwohlsein. Rückblickend würde ich sagen, die sechs Stunden waren vielleicht ein bisschen viel. Er wurde in der Zeit doch wieder besonders anhänglich an uns, so als wäre er froh wieder zu Hause zu sein.

Wie war es denn für euch, das kleine Krabbelkind jemand Fremdem anzuvertrauen?

Max: Wir waren beide natürlich besorgt, aber auch erleichtert. Es ist halt wahnsinnig anstrengend den ganzen Tag mit einem Kind zu verbringen, vor allem schlief Kasimir nie durch, brauchte viel Aufmerksamkeit, war eher schwierig. So war es für uns auch eine Erholung, ihn bei der Tagesmutter abzugeben und uns um unsere Arbeit kümmern zu können.

Ihr habt beide keine Bürojobs, müsst also nicht das Kind vor Tau und Tag aus dem Bett reißen. Wie habt ihr es gemacht?

Max: Wir brachten das Kind meist um elf. Wir konnten es auch nach Absprache um neun bringen, wenn wir frühe Termine hatten. Allerdings sollte eine gewisse verlässliche Regelmäßigkeit auch von Seiten der Eltern eingehalten werden.

Habt ihr Alternativen zur Tagesmutter erwogen?

Max: Eigentlich nicht. Kinderkrippe haben wir gar nicht erwogen, das war uns auf jeden Fall zu früh. Zehn, zwölf Krabbelkinder, das schien uns zu viel. Wir dachten, er braucht eher die Bindung an eine Person jenseits der Eltern, jemand, der auch Zeit hat, ihn auf den Arm zu nehmen.

Hättet ihr auch jemanden genommen, der zu euch gekommen wäre?

Max: Das wäre, glaub ich, noch besser gewesen.

Ihr habt ein zweites Kind bekommen, kurz bevor euer erstes Kind drei Jahre alt wurde. Gab das Probleme?

Max: Nein, eigentlich nicht. Mit zweieinhalb Jahren war Kasimir in die Krippengruppe unseres Kindergartens gekommen. Da hatte er dann auch Freunde. Schwer war es für ihn eher, wenn er uns, also mich oder die Mutter mit dem Baby im Wagen auf der Straße traf, dann wollte er eigentlich lieber bei uns sein als in seiner Gruppe. Mit etwa dreieinhalb wechselte er dann in die Kindergartengruppe und das gefällt ihm heute sehr gut. Er geht dort von halb zehn bis halb vier hin.

Wie geht es denn jetzt mit dem zweiten Kind weiter? Habt Ihr da dasselbe Programm wie mit Kasimir gefahren?

Max: Wir haben auch für ihn eine Tagesmutter gefunden, auch in der Nähe, aber eine andere als die erste. Als er elf Monate war, haben wir ihn dort etwa vier Wochen lang eingewöhnt. Das klappte ausgezeichnet. Er fühlte sich da sehr wohl. Es gab auch da wieder ein älteres eigenes Kind und ein weiteres Krabbelkind. Als er genau ein Jahr alt war, begann er sich bei der Tagesmutter dreimal die Woche für vier Stunden aufzuhalten. Das ging vier Wochen sehr gut und dann überhaupt nicht mehr.

Aus welchem Grunde auch immer, hat er sich plötzlich geweigert, dorthin zu gehen. Er hat geschrieen und geweint. Wir sind jetzt seit einem Monat wieder in die Eingewöhnungsphase zurückgefallen. Einer von uns geht mit. Aber mir scheint, er hat beschlossen, da will er nicht wirklich hin. Er scheint zu spüren, dass das eine dauerhafte Lösung sein soll und dabei will er nicht mitmachen. Wir haben es, glaube ich, schon verloren. Er wollte fortan auch nicht mehr in seinem eigenen Bettchen schlafen. Er wollte nur bei uns schlafen. Nach zwei Monaten ist er immerhin bereit gewesen, wieder in seinem eigenen Bett Mittagschlaf zu halten. Irgendetwas ist falsch gelaufen, nur wir wissen nicht was. Eine falsche Woche hat uns Monate zurückgeworfen.

Habt ihr in Betracht gezogen, jemanden hierher kommen zu lassen, der ihn in seinem eigenen Heim betreut?

Max: Ja, das machen wir jetzt. Wir haben eine Freundin, die zweimal pro Woche zu uns für vier Stunden kommt und sich um den

Kleinen kümmert. Das müssen wir, anders als die Tagesmutter, selber bezahlen, aber das gefällt ihm. Da kann ich auch nebenan an meinem Computer arbeiten, er ist wieder vergnügt und stört mich während der vier Stunden nie.

Wir vermuten, dass er lieber in den Kindergarten ginge, wo wir morgens seinen großen Bruder absetzen. Er sieht seinen Bruder dort fröhlich im Gewusel der Kinder verschwinden und fragt sich vielleicht, warum er allein woanders hingehen soll.

Jedes Kind ist eben anders. Wichtig ist, jedes einzelne Kind genau zu beobachten und seine Befindlichkeit in der jeweiligen Situation genau zu prüfen.

Und was werdet ihr machen, wenn der Kleine größer ist?

Max: Wir haben nun eine sehr schöne Krippe gefunden, da wird er mit 18 Monaten hingehen. Sie schien uns liebevoller und interessanter als die, die zum Kindergarten seines Bruders gehört. Auch stimmt da die Betreuungsrelation, vier Erzieherinnen für 12 Kleinkinder. Bis dahin bleibt er nun zuhause und schläft hoffentlich bald wieder ganz in seinem eigenen Bettchen.

2. Wem gebe ich mein Kind?

Miriam, 31, Filmcutterin
Lebt zusammen
Ein Kind, 20 Monate
Berlin

Noah geht in die Krippe, seit er 17 Monate alt ist. Warum die Krippe, warum in dem Alter und nicht früher, warum überhaupt?

Miriam: Krippe oder nicht – bei der Entscheidung wird man automatisch mit seiner Angst konfrontiert. Was passiert? Ich gebe mein

Kind irgendwohin und es weint. Was macht das mit mir, was macht das mit dem Kind und was macht es mit meiner Verantwortung als Mutter? Bei mir lief das so: Direkt gegenüber von meinem Haus hat eine Frau eine Kinderbetreuung aufgemacht für Kinder zwischen null und drei, und zwar eine Tagesmutter. Als ich noch schwanger war, habe ich gesehen, dass sie die Räume ausbaut. Sie kommt aus der Waldorfpädagogik, aber nicht aus der dogmatischen Ecke. Und als Noah etwas älter wurde, kam in mir langsam das Thema hoch: Wem gebe ich mein Kind, solange es so klein ist – außer mir selbst natürlich? Die Antwort war: niemandem.

Doch dann traf ich auf einem kleinen Kinderbauernhof in unserer Nähe eine Tagesmutter mit ihrem Bollerwagen und sechs Kindern. Sie nahm nur sechs Kinder und hatte keinen Platz für mich, aber sie empfahl mir die Krippe gegenüber von mir, die ich ja schon mehrfach gesehen hatte. Da war mein Kind ein Jahr alt.

War 12 Monate so Ihre Vorstellung von Krippenreife?

Miriam: Ich ging überhaupt erst einmal in den Laden und fragte, ob sie Platz hätten. „Noch einen", hieß es da. Dann sind wir da zusammen hingegangen und haben uns alles angeschaut und plötzlich konnte ich mir vorstellen, bei ihr mein Kind zu lassen. Als es schließlich losgehen sollte, da war Noah 15 Monate, hatte ich das Gefühl, es ist drei Monate zu früh. Und dann bekam Noah seine erste Krankheit, die ziemlich lange dauerte. Und für fast zwei Monate blieb er noch zuhause und holte sich noch mal den Schub, den er brauchte. Man merkt eigentlich selber genau, dass zwischen 12 und 14 Monaten so ein Schub passiert und den machte er eben noch ganz bei uns ab. Und dann war er 17 Monate und es ging los.

Leicht haben Sie es sich ja nicht gemacht...

Miriam: Leicht? Es war die zweitgrößte Krise seit dem Moment des Schwangerseins. Dieses Loslösen und dieses Kind überhaupt dorthin zu geben. Schließlich habe ich mir gesagt, ich gucke mir das drei Tage an und wenn ich das Gefühl habe, dass es für mein Kind nicht gut ist, dann nehme ich ihn raus und warte, bis er zwei ist. Er hat es gut gemacht.

Wie viele Stunden haben Sie ihn denn dort hingegeben?

Zunächst bin ich 14 Tage vor seinem Krippenbeginn jeden Tag mit ihm auf den Spielplatz gegangen, wenn die Krippenkinder auch auf dem Spielplatz waren. Er hatte also die Kinder schon zwei Wochen lang gesehen als er dann richtig in die Krippe kam. Drei Tage lang bin ich mitgegangen und dann bin einmal für 20 Minuten weggegangen. Offenbar weinen bei derlei Abwesenheiten viele Kinder die ganze Zeit. Er hat wohl kurz geweint, sich dann aber beruhigt und gespielt und sich sehr gefreut, als ich wiederkam. Und seit er wusste, dass ich wiederkomme, war es gut. Er hat es dort gemocht und es waren auch nur etwa drei Stunden. Ich brachte ihn um viertel nach neun und holte ihn um halb eins, jeden Tag. Ich hatte allerdings eine Absprache mit den Erziehern. Sie sollten mich anrufen, wenn es ihm nicht gut geht. Ich dachte und denke das immer noch, dann soll er den Tag mit mir verbringen. So kleine Kinder brauchen auch ihre Auszeiten und müssen da nicht in der Gruppe sitzen, wenn sie müde sind.

Solche Pausentage sind üblich?

Miriam: Sie sollten es sein, sie werden aber den Erziehern oft als schlechte Betreuung ausgelegt. Dabei ist einem das Bedürfnis nach solchen Pausen durchaus verständlich, wenn man die kleinen Kinder beobachtet. Als ich das erste Mal in der Krippe war, sah ich einen kleinen Jungen, der so unendlich traurig war, dass es mir fast weh tat, das zu sehen. Und ich fragte die Erzieherinnen, ob sie den Eltern von der Traurigkeit ihres Kindes berichtet hätten. Sie hatten, aber die Eltern mussten den Jungen offenbar dort den ganzen Tag lassen. So etwas war für mich absolut unvorstellbar, aber wenn Leute nicht anders können, weil sie arbeiten müssen, dann müssen sie ihr Kind abgeben.

Wie schaffen die Erziehrinnen, solche Situationen zu entschärfen?

Die Erzieherin lässt die Kinder auch weinen, aber sie ist auch da mit offenen Armen. Nichts wird nur weggedrückt oder weggetröstet, sondern alles voll aufgefangen. Eine Aufbewahrungsstelle ist das hier wirklich nicht. Stets gibt es die gleichen Rituale, weil sie davon ausgehen, dass Kinder genau diese Rituale brauchen. Nach dem Essen hole ich ihn dann ab.

Ihr Kind schläft nicht dort?

Nein! Der schläft bei mir. Wir holen ihn nur hoch und legen ihn hin. Das ist das Gute. Er hat auch immer mit dem Finger über die Straße gezeigt und hat gesagt, da oben sind meine Eltern. Darum konnte ich auch darauf bestehen, dass man mich sofort anruft, wenn er nach Hause will oder sich nicht wohl fühlt. Denn im Alltag geht das normalerweise verloren, da erzählen die den Eltern nicht mehr, dass ihr Kind bitterlich geweint hat oder nichts essen wollte oder nicht schlafen konnte. Das passiert nur, wenn man ihnen sagt, dass das eigene Verhältnis zu der Krippe genau auf diesen Informationen beruht. Wenn ich denen Vertrauen entgegenbringen soll, dann müssen die auch mit mir über alles, was mein Kind betrifft, reden.

Sie sind ja Freiberuflerin. Bedeutet dies, dass Sie auch für Ihr Kind verfügbar sind?

Miriam: Ich bin verfügbar, weil das ganz bewusst meine oberste Priorität ist. Ich weiß aber auch, dass das meine „Karriere" einschränkt, wenn ich das auf Dauer so beibehalte. Es funktioniert, wenn man den Druck, der mit der Einschränkung einhergeht, auch aushält. Wenn es ihm nicht gut geht, wenn er krank ist oder auch nur eine dicke Erkältung hat, dann bleibt er zuhause.

Haben Sie soweit nur Gutes erlebt?

Miriam: Hab' ich tatsächlich. Er hat sehr schnell angefangen zu rufen: „Kinder, Kinder!“ Und er freut sich dabei. Das Gewusel an kleinen Kindern scheint ihm zu gefallen. Das jüngste Kind ist acht Monate alt, die ältesten drei bis dreieinhalb Jahre. Die Erzieherin nimmt lieber keine Kinder, die noch nicht laufen können. Die meisten von ihnen schlafen auch dort und werden um vier Uhr abgeholt. Das sind sieben Stunden, mehr als doppelt so viel wie ich meinem Sohn zumute.

Wollen Sie die Stundenzahl bald hochschrauben?

Miriam: Ich könnte mir vorstellen, ihn ganztags dort zu lassen, wenn er zweieinhalb ist. Jetzt wäre es auf alle Fälle für mich nicht in Ordnung und für ihn wohl auch nicht. Aber man muss es abwarten und beobachten und wenn es doch nicht klappt, dann geht er erst mit drei Jahren ganztags.

Ist die Organisation in halbtags und ganztags ein Problem?

Miriam: Die Stimmung in den Kindergärten ist allgemein ziemlich mies. Das Personal wird wegrationalisiert, sie kriegen zu wenig Geld, alles, was sie vom Herzen Gutes tun wollen, wie gesundes Essen kochen, können sie sich gar nicht mehr leisten. Alle, die einen Gutschein vom Staat beantragen, sollen überhaupt nur noch Ganztagesgutscheine beantragen, denn mit Halbtagesplätzen können sie ihre Erzieher gar nicht finanzieren. Wir zahlen den Minimumsatz von 25 Euro, dann noch 50 Euro, die der Kindergarten/die Kinderkrippe von dir verlangt und 23 Euro Essensgeld, also knapp 100 Euro für einen Ganztagesplatz.

Heißt das, Sie werden Ihren 20 Monate alten Sohn nun doch ganztags hingeben müssen?

Miriam: Ich habe denen gesagt, wenn ich fürs Amt einen Ganztagesplatz beantrage, damit ihr euch besser bewegen könnt, dann geh ich dennoch davon aus, dass er einen halben Tag bleibt, weil ich das für richtig halte. Wir müssen intern eine Regelung finden, sonst bleiben ja alle auf der Strecke.

Also keine Sorgen für die Zukunft?

Miriam: Wie man's nimmt. Aus der Krippe wird jetzt eine Tagesgroßpflegestelle mit zwei Gruppen, dann werden es insgesamt 20 Kinder sein mit einer Altersverteilung bis zu fünf Jahren, aber bei gleichem Personalstand. Da wird es dann lauter neue Regeln geben, etwa: keine Schuhe mit Schnürsenkeln, nur Klettverschlüsse, weil zum Binden keine Zeit ist.

Die Fluktuation des Personals ist groß, Sie erwähnten, dass eine sehr gute Erzieherin gegangen ist. Machen Sie sich da keine Sorgen um die Bindung?

Miriam: Furchtbar, furchtbar. Jedes Kind braucht eine feste Person, nur solange die Leiterin die feste Person bleibt, geht es eben.

Werden Sie Ihren Sohn dort auch in die Kindergartengruppe gehen lassen?

Miriam: Ich glaube ja, mit den Kindern ist die Leiterin super. Ich merke, dass sie mein Kind richtig sieht. Aber es bleibt: Man muss sein Kind genau beobachten. Wenn er bereit ist, dann mit drei, wenn nicht, dann eben später. Als ich ihn zum ersten Mal brachte, da sagte mir die Leiterin sehr deutlich, wenn das Kind eine starke Beziehung zur Mutter, eine gute Beziehung zum Vater hat und wenn auch die Familie gut funktioniert, dann sieht sie kein Problem darin, so jung in der Gruppe zu beginnen.

Haben Sie je Zweifel gehabt?

Miriam: Ich glaube, dass das Thema Leid und schlechtes Gewissen sehr verbreitet ist. Das Gefühl der Mütter, den Kindern nicht gerecht zu werden, vieles davon ist unbewusst und gar nicht von draußen herangetragen, sondern kommt von innen, aus den eigenen Geschichten, ich glaube das plagt viele sehr.

Was Sie von den jungen Müttern um sich herum berichten, klingt so als ob alle sehr beschwert sind. Gibt es denn kein Glücksgefühl über das Kind?

Miriam: Doch, aber die Glücksmomente sind so viel kürzer. Die ersten zwei Jahre schienen mir mit so vielen Anstrengungen verbunden, die man sonst ja gar nicht kennen gelernt hat. In früheren Generationen war das vermutlich einfacher, weil die Erwartungen andere waren und man für so viele Dinge gar keine Zeit hatte. Heute sind viele Dinge nicht mehr selbstverständlich, die für meine Mutter noch ganz selbstverständlich waren.

3.
Ich will diese Zeit genießen

Ulrike, 31, Sachverständige
Verheiratet
Zwillinge, 17 Monate
Frankfurt

Wenn man mit Zwillingen aus dem Krankenhaus nach Hause kommt, ist das Leben ja doch sehr anders als vorher. Wie haben Sie das bewältigt?

Ulrike: Wir hatten Glück, wir hatten von Anfang an eine *maternity nurse*, die noch dazu Erfahrung mit Zwillingen hatte. Die sollte zwei Monate bleiben, weil sie aber so gut war, haben wir sie noch einmal zwei Monate verlängert. Dann hatten wir eine alte, unheimlich erfahrene Kinderfrau, die selber fünf Kinder großgezogen hatte und Krankenschwester gewesen war. Sie war 75 Jahre alt, so etwas wie eine geleaste Großmutter.

Jetzt sind die Mädchen 17 Monate alt, wie halten Sie es jetzt?

Ulrike: Jetzt habe ich wieder eine Kinderfrau, die auch im Hause wohnt. Ich bin morgens mit den Kindern eine Stunde zusammen, von 9 bis 12Uhr versuche ich mir die Zeit frei zu nehmen für die Dinge, die gemacht werden müssen: Administratives, Familiäres, Haushalt, Behörden etc. Mit einem Zwillingswagen kann man viele Dinge gar nicht machen, also ist es gut, wenn ich das allein machen kann. Allein dafür braucht man eine Hilfe. Wie soll man mit zwei gleichaltrigen Kindern einkaufen und auch noch Tüten schleppen? Um 12 Uhr übernehme ich die Kinder dann bis drei. Ein Kind schläft nur eine halbe Stunde, die andere schläft gleich zwei Stunden. Danach geht es raus auf den Spielplatz, entweder mache ich das oder die Kinderfrau. Weil wir die Kinder zweisprachig erziehen wollen, kommt an zwei Nachmittagen für jeweils drei Stunden eine Peruanerin und spricht und spielt Spanisch mit den Kindern, das soll sie auch allein machen, damit das Spanisch nicht verwässert wird. Man muss bei Zwillingen natürlich auch aufpassen, dass man emotional gerecht ist. Eben hab ich eine Stunde mit der einen gespielt und gesprochen, habe ich heute auch so viel Zeit mit der anderen verbracht? Da ist die Hilfe schon unentbehrlich.

Das klingt alles optimal organisiert.

Ulrike: Ja, wir sind da gut aufgestellt, aber keiner von den Helfern arbeitet ohne Anleitung. Ich bin diejenige, die entscheidet, wann sie essen, wie flexibel, wie die Routine aussieht. Es sind alles keine Menschen, denen ich oder auch mein Mann die Verantwortung für die Kinder voll übergeben würde. Ich könnte nicht sagen: „Ich bin jetzt mal zwei, drei Tage weg.“ Da ereignen sich zu viele Situationen, wo dann doch gefragt wird, wie soll ich es machen.

Haben Sie sich je überlegt, die Kinder um die Ecke in die Krippe zu geben?

Ulrike: Nein, das kommt für mich überhaupt nicht in Frage, weil die Kinder bislang zu klein waren und Gloria läuft noch nicht einmal. Da wäre sie vermutlich in einem Haufen Kinder, die alle laufen, recht benachteiligt. Hinzu kommt, dass sie ein Kind ist, das schüchtern ist und fremdelt. Wenn ich es überhaupt machen würde, dann erst, wenn ich tagelang dabei gewesen bin und beobachten konnte, wie sich die Kinder emotional einfügen. Außerdem weiß ich, wie knapp die Krippenplätze sind und ich bin nicht wirklich die gegenwärtige Zielgruppe. Ich arbeite nicht voll, ich bin nicht allein erziehend. Ich finde das Angebot aber auch nicht überzeugend genug. Ich möchte meine Kinder besser versorgt wissen als mit einer Erzieherin für fünf oder sieben Kinder. Dafür sind sie einfach zu klein, ich möchte ihnen erst eine größere emotionale Sicherheit geben als die, die dort gewährleistet werden kann. Die Kinder sind nun mal das wichtigste, was ich habe, ich möchte die Kontrolle behalten und genau wissen, dass sie gut aufgehoben sind und ich will die Kinder eben doch gern um mich haben. Ich freue mich an meinen Kindern. Wirklich.

Und wie ist es mit den sozialen Aspekten, die ja als wichtig angeführt werden?

Ulrike: Ich halte die momentan noch nicht für so wichtig als dass die Kontakte auf dem Spielplatz nicht ausreichen würden. Außerdem sind meine Kinder ja schon immer zu zweit.

Haben Sie je an andere Modelle als an das der Kinderfrau im Haus gedacht? Was ist mit Ihren eigenen Bedürfnissen jenseits der Haushaltsführung und der Bezahlung der Rechnungen?

Ulrike: Es gibt sicherlich Frauen, die von Anfang an wissen, ich arbeite weiter und organisiere mir das so. Ich bin mit der Geburt in so eine Abwägungsphase gekommen: Wie wichtig ist es mir, die Kinder um mich zu haben, wie sehr genieße ich die Kinder, für wie wichtig erachte ich es, dass ich als Elternteil für die Kinder da bin? Für mich persönlich ist wieder voll einzusteigen und die Kinder wegzuorganisieren nicht das Richtige. Ich bilde mir ein, dass es auch für die Kinder schöner ist, wenn sie mehr von ihren Eltern haben. Ich habe Freunde, die es anders machen, aber für mich ist es eine so wertvolle Zeit, dass ich sie mir gar nicht verknappen will. Und ich will diese Zeit genießen.

Gar kein Problem mit dem Aussetzen?

Ulrike: Doch. Man ist natürlich als Frau, die immer selbständig im Leben gestanden hat und eine gute Ausbildung hat, in einem gewissen Zwiespalt, weil man nicht ganz rauskommen möchte. Man will natürlich in diesen Jahren, ob 18 Monate oder zwei, drei Jahre, die Möglichkeit haben, wieder einzusteigen und etwas Vernünftiges zu machen. Das ist schwierig, vor allem, wenn man einen gewissen Ehrgeiz hat. Bloß muss das jeder für sich ausbalancieren.

Sie erwähnten, dass einige Ihrer Freundinnen es ganz anders machen. Wie machen die es denn?

Ulrike: Entweder sie haben eine professionelle Halbtagskraft, der sie auch guten Gewissens die Verantwortung für die Kinder übertragen können, oder sie haben eine Vollzeit-Nanny. Manche haben auch einen Profi und ein Au-pair-Mädchen für 250 Euro. Ich kenne niemand, der sein Kind in die Krippe gegeben hat. Das mag am sozialen Umfeld liegen, kann auch daran liegen, dass die meisten sich wohler fühlen, wenn ihre kleinen Kinder in den eigenen vier Wänden betreut werden. Bei der Hausbetreuung hat man natürlich auch eine bessere Kontrolle, man kann anrufen, vielleicht sogar vorbeikommen. Einige Freundinnen arbeiten projektorientiert, sie machen Jobs oder Projekte. Karrieren sind das meist nicht.

Ihnen wäre mit dem Ausbau der Krippen offensichtlich nicht gedient, was wäre denn Ihre Wunschvorstellung vom idealen Leben mit Kindern und einer anspruchsvollen Tätigkeit?

Ulrike: Auf alle Fälle Flexibilität, Arbeitsplätze zu Hause, Teilzeitangebote, die nicht nur für Sachbearbeiterinnen oder Sekretärinnen gelten, Arbeitsplätze, bei denen es normal ist, dass man unter der Woche zum Kindergeburtstag nach Hause geht. Extrem wichtig erscheint mir die durchgängige Bereitstellung von Elternzeit. Mir fällt natürlich auch auf, dass Heimarbeit mit kleinen Kindern sehr schwer ist. Man wird pausenlos rausgerissen, außer man ist sehr diszipliniert.

Für den größten Luxus halte ich es, einer Arbeit nachgehen zu können, die einen interessiert und die man auch noch zeitlich flexibel gestalten kann.

Wie wird es denn weiter gehen mit Ihren Kindern?

Ulrike: Also, ich denke, sie werden mit drei in einen zweisprachigen Kindergarten gehen und so bald sie beide laufen können, werden sie bestimmt ein-, zweimal die Woche in eine Spielgruppe gehen. Ich möchte sie vielem aussetzen: Musik, Sport, Sprachen. Bis dahin werde ich hier zu Hause sein mit Hilfen, wie ich sie jetzt habe. Um zu wenig Anregung mache ich mir momentan gar keine Sorgen.

4.
Bis zwei will ich mich selber kümmern

Joya, 28, Studentin
Unverheiratet, lebt mit dem Vater ihres Kindes zusammen
Ein Kind, sechs Monate
Passau

Sie sind Studentin, wie gehen Studium und Kind zusammen?

Joya: Ich hatte erstmal ein Urlaubssemester genommen, das ist jetzt um. Jetzt bin ich dabei zwei Prüfungen fertig zu machen, die noch aus meinen ersten Semestern liegen geblieben sind. Und dann kommt noch die Diplomarbeit.

Da haben Sie ja einiges vor mit einem sechsmonatigen Kind an der Seite. Wie sind sie denn bis jetzt zurecht gekommen?

Joya: Bis jetzt eigentlich sehr gut. Ich habe dreieinhalb Monate gestillt. Meine Mutter war die ersten zwei Monate da und hat bei mir gewohnt. Unheimlich geholfen hat, dass meine Mutter die Nachtschicht übernommen hat. Ich weiß nicht, ob das viele Mütter tun würden, aber sie hat mit dem Kind im selben Zimmer geschlafen und ihn mir nachts nur zum Stillen gebracht. Zum Glück hat er sehr schnell getrunken. Dann bin ich wieder eingeschlafen und meine Mutter hat ihn gewickelt und gebettet. Das hat viel Kraft gespart und war eine große Erleichterung für mich, gerade in den ersten Monaten.

Ihre Mutter wohnt in Argentinien, hatten Sie mit so viel Hilfe gerechnet?

Joya: Sie hat mir sehr viel Kraft gegeben und ehrlich, das hätte ich nicht gedacht. Meine Eltern sind noch nicht lange geschieden und ich dachte, es könnte eher schwierig werden, aber es war wunderbar. Sie hat für uns gekocht. Wenn sie nicht gekommen wäre, weiß ich nicht, ob ich das so gut hingekriegt hätte.

Technisch oder emotional?

Joya: Ich habe gemerkt, dass es viele Sachen gibt, die einem niemand sagt. Die Leute sagen immer: Mutter sein, dann kommt alles automatisch und vor allem machst du automatisch das Richtige. Es gibt so viele Dinge, für die ich wesentlich länger gebraucht hätte, wenn sie es mir nicht im Täglichen gesagt und gezeigt hätte.

Doch irgendwann war die Mutter weg und Sie waren allein mit dem Kind...

Joya: Da war ich allein mit dem Baby und mir war erst einmal sehr mulmig. Der Vater des Kindes war oft da und hat mir wahnsinnig geholfen. Abends wenn er aus dem Büro kam, hat er mir das Kind abgenommen, hat es in den Schlaf gewiegt. Er war eigentlich immer da, nur als ich schwanger war, war er in Asien: Aber da war ich auch noch in London in einem Praktikum.

Also keine Hilfe am Tag?

Joya: Nein, die Eltern meines Freundes sind in Berlin. Meine Mutter ist weit weg und meinen Vater kann ich nicht mit dem Kind behelligen. Meine Mutter hat sich sehr gefreut für mich, auch mein Vater fand es eigentlich ganz normal. Ich war 27, mein Studium ist weitgehend abgeschlossen, es gab keinen Grund zur Panik. Jetzt schaffe ich es ganz gut. Es fragen immer alle, wie es denn so ist, Mutter zu sein. Ich kann dann nur antworten: Ich habe zum Glück gar keine Zeit, darüber nachzudenken. Man rennt ja die ganze Zeit nur herum, Flasche saubermachen, die nächste Flasche vorbereiten, wickeln, baden, waschen, spielen, singen, reden.

Fällt Ihnen denn die Decke nicht auf den Kopf, wenn Sie den ganzen Tag mit Ihrem Baby verbringen müssen? Finden Sie dabei genug Zeit zum Lesen und um sich auf die Prüfungen vorzubereiten?

Joya: Bis jetzt hab ich dafür eigentlich keine Zeit gehabt, jetzt nach sechs Monaten und seit neuestem einem argentinischen Au-pair-Mädchen, hoffe ich, mehr Zeit für meine Studien zu haben. Ich habe vor ein paar Wochen, als ich meine erste Nachholprüfung geschrieben habe, gemerkt, dass ich doch sehr optimistisch war. Ich wollte gleich meine zweite schreiben, aber daran ist gar nicht zu denken. Ich muss jetzt doch abwarten bis das Au-pair ein bisschen besser eingearbeitet ist.

Drei, vier Stunden am Tag, die Sie bräuchten, finden Sie nicht?

Joya: Noch nicht, aber ich hoffe, das sich das einspielt und dann gehe ich in die Bibliothek um die Ecke und lerne zwei Stunden im Stück und das Au-pair-Mädchen muss dann übernehmen.

Kann man ohne so eine Hilfe das Studium mit einem Kind nicht packen?

Joya: Andere schaffen das vielleicht, ich nicht. Ich bin wirklich nur auf mich angewiesen. Ich habe niemanden, dem ich das Kind kurzfristig geben kann.

Haben Sie je daran gedacht, das Kind einer Tagesmutter anzuvertrauen?

Joya: Das hätte ich machen können. Ich habe aber beschlossen, die ersten zwei Jahre das Kind selber zu betreuen. Egal was passiert, die ersten zwei Jahre werde ich das Kind nirgendwohin geben. Ich hab den Kleinen jetzt schon für die Krippen hier in der Nähe angemeldet. Das habe ich erstmal nur prophylaktisch gemacht. Wenn das mit dem Au-pair-Mädchen gut klappt, dann möchte ich die Krippe gar nicht machen, sondern erst den Kindergarten ab drei Jahren wählen.

Warum nicht in die Krippe?

Joya: Ich kann mir nicht vorstellen, wenn da so viele Kinder sind, dass es genug Personal gibt, um meinem Fürchtegott die nötige Aufmerksamkeit zu geben. Das haben mir auch viele Mütter schon gesagt: Mach das auf keinen Fall, es kann sich kein Mensch um dein Kind wirklich so kümmern, wie es sein müsste. Das Kind kann in der Krippe auf gar keinen Fall diese Zuneigung und die Intensität bekommen, die es in diesem jungen Alter einfach braucht.

Ich bin prinzipiell so, dass ich eher ein Auge haben will auf das, was mit meinem Kind passiert und hier in meiner Wohnung habe ich das Gefühl, es geht ihm besser.

Wenn die Alternative Tagesmutter oder Krippe lautete, dann würde ich mich wahrscheinlich eher für die Tagesmutter entscheiden, besonders, wenn sie mir empfohlen wurde und bei ihr Kinder sind, die ich auch kenne. Warum? Weil es überschaubarer ist und ich selber da wohl auch mehr Einfluss hätte. Ich hatte aber bis jetzt noch nie das Gefühl, dass es mir zu viel ist und ich das Kind loswerden möchte. Dafür liebe ich ihn doch viel zu sehr. Aber ich hoffe natürlich, dass Freunde von mir nachziehen und auch bald Kinder haben und man dann eben mit Eltern und Kindern hier im Umfeld gemeinsam etwas organisieren kann. Ich bin in einer Großfamilie aufgewachsen mit Vettern und Cousinen überall, so etwas würde ich ihm natürlich auch wünschen.

Wenn ich bereits einen Job hätte und meine Firma eine eigene Krippe hätte, dann wäre das vielleicht eine Möglichkeit, die ich mir vorstellen könnte. Nicht für das neugeborene Baby, aber vielleicht mit einem Jahr, weil ich ja dann immer in der Nähe wäre.

Was passiert, wenn Sie Examen und Diplomarbeit abgeschlossen haben?

Joya: Jetzt will ich mir keinen Druck machen, aber wenn ich fertig bin und der Bub im Kindergarten ist, dann will ich voll arbeiten. Also nicht Teilzeit. Aber man muss sehen, was machbar ist. Wie entwickelt sich das Kind, wie viel Selbständigkeit kann man dem Kind zumuten? Mein Wunsch wäre, mich vielleicht mit einer Freundin mit einem Büro im Hause selbständig zu machen und sehr flexibel zu arbeiten. Auf jeden Fall will ich mein eigenes Leben nicht verpassen. Ich bin da auch vorgeschädigt. Ich will nicht das Hausmütterchen sein, das dann, wenn die Kinder aus dem Haus sind, ohne alles dasteht. Das will ich verhindern. Im Moment genieße ich dieses Leben mit dem Kind, aber nur damit werde ich sicherlich nicht ein Leben lang zufrieden sein.

5.
Halbtags wäre ideal

Christina, 33, Finanzberaterin
Verheiratet
Drei Kinder: zwei Mädchen, vier und zweieinhalb Jahre; ein Junge, drei Monate
Köln

Sie sind Mutter von drei Kindern und berufstätig, wie haben Sie das bei Ihrem ersten Kind gehandhabt?

Christina: Ich habe damals in Frankfurt gearbeitet und zwei Wochen vor der Geburt sind wir wegen des Berufes meines Mannes nach Hamburg gezogen. Darum konnte ich auch nicht zu meiner alten Firma zurück, weil es die nur in Frankfurt gab. Als unsere Tochter sechs Monate alt war, habe ich versucht, etwas zu finden, wollte aber nicht 100 Prozent arbeiten. In die Bewerbungen habe ich also immer geschrieben, ich will nur 80 Prozent arbeiten. Das brachte gar nichts, weil die Firmen immer nur 100-Prozent-Kräfte einstellen wollten. Da haben wir uns dann entschieden, schnell ein zweites Kind zu kriegen. Das hat auch geklappt. Ich habe wie beim ersten Kind ein halbes Jahr gestillt und als Xenia neun Monate alt war, habe ich meine Fühler wieder ausgestreckt, allerdings mit veränderter Strategie. Ich habe mich nur auf Vollzeitstellen beworben und gar nicht mehr von den 80 Prozent gesprochen. Sehr bald hatte ich auch eine Offerte als Immobilienfondsmanagerin. Das hat mich etwas gewundert, weil ich ja immerhin zwei Kinder hatte. Ich sagte zu mit der Einschränkung, dass ich lieber nur 80 Prozent arbeiten würde. Der Chef war damit einverstanden, aber der Personalchef wollte es nicht. Also fing ich mit 100 Prozent an und ging nach der Probezeit auf 80 Prozent.

Wie haben Sie Ihr Familienleben organisiert mit einem Vollzeitjob und zwei Kindern von ein und zweieinhalb Jahren?

Christina: Ich hatte für die erste Tochter eine wunderbare Tagesmutter gefunden, wo sie zweimal in der Woche hinging. Diese Tagesmutter erklärte sich bereit, beide Kinder zu nehmen, obwohl sie sonst Kinder unter 18 Monaten eigentlich nicht aufnahm. Die Kinderfrau, die ich immer noch hatte, holte sie dann ab. Das waren zwei Tage in der Woche, an den anderen Tagen blieben die Kinder bei der Kinderfrau und zweimal in der Woche war ich nachmittags zuhause.

Wie haben Sie die Tagesmutter gefunden?

Christina: Ich habe viel herumgefragt, auch beim Jugendamt, viel angeguckt und schließlich eine ziemlich alte Anzeige im Internet gefunden. Ich hatte für diese Frau gar keine Referenzen, kannte niemanden, der bei ihr seine Kinder hatte, aber was ich sah, gefiel mir und sie hatte einen Garten. Ich wollte unbedingt einen Garten, für den Spielplatz waren mir die Kinder einfach zu klein. Das war mir zu gefährlich, vor allem, wenn eine Person auf fünf Kinder achten muss.

Hat Ihre jüngere Tochter, die ja erst ein Jahr alt war, Probleme gehabt nach der Eingewöhnung bei der Tagesmutter?

Christina: Ja, die war sehr traurig, das hat auch die Tagesmutter gesagt. Das war vielleicht doch zu früh. Von 100 Prozent Anwesenheit auf null, ich war weg von acht Uhr morgens bis sieben Uhr abends. Das hat sie sehr bekümmert. Aber das hat nur so zwei, drei Monate gedauert. Dann hatte sie sich daran gewöhnt, dann lief es auch gut. Wenn ich merke, dass die Kinder leiden, dann würde ich auch aufhören zu arbeiten.

Die Kinder sind immer noch bei dieser Tagesmutter?

Christina: Die Ältere ist im Kindergarten und die Jüngere geht an zwei Tagen bis drei Uhr zur Tagesmutter. Und jetzt, da ich ohne Hilfe bin, hole ich sie auch ab. Mittwochs gehen wir zusammen zur Musikschule. Ich habe fast den Eindruck, dass sie auch gerne noch am Donnerstag zur Tagesmutter ginge, aber jetzt wo ich hier bin, finde ich es auch sehr schön, mehr Zeit mit ihr zu verbringen. Und nach dem Sommer kommt sie auch in den Kindergarten.

Ihren Sohn stillen sie ja noch, wann planen Sie dieses Mal, die Arbeit wieder aufzunehmen?

Christina: Eigentlich war geplant im Herbst bei meinem alten Arbeiteber zu 60 Prozent wieder anzufangen, aber nun müssen wir umziehen, wieder wegen des Jobs meines Mannes.

Und da warte ich ab, bis ich die Kinder eingewöhnt und mir wieder eine Infrastruktur aufgebaut habe. Wenn sich dann alles eingependelt hat, dann suche ich was Neues und hoffe natürlich auch etwas zu finden. Das ist ja die größere Problematik.

Warum sind Sie nicht länger zuhause bei den Kindern geblieben? Auch jetzt streben Sie ja wieder früh in den Beruf?

Christina: Es sind nicht die Kinder, es ist der Haushalt. Jeden Tag kochen, saubermachen, wischen, machen, tun. Man macht am Ende ja mehr Haushalt als dass man mit den Kindern wirklich etwas unternimmt. Ich fand, es war genug, ich wollte wieder arbeiten, denn wenn man zu lange raus ist, ist man weg vom Fenster.

Und halbtags?

Christina: Ja, das wäre ideal, aber das ist ein Problem, da ist man immer überqualifiziert. Durch das Gesetz, dass man Halbtagskräfte zurücknehmen muss, will niemand externe Frauen halbtags einstellen. Das hat mir auch ein Personalchef so gesagt. Es gibt so viele Frauen, die nur Teilzeit arbeiten wollen, aber die Jobs, die ihren Qualifikationen entsprechen, die gibt es nicht. Ich hatte ja Glück, aber ich war auch sehr flexibel. Ich bin an freien Nachmittagen trotzdem ins Büro gefahren, wenn ich gebraucht wurde, oder wenn wir Termine in Amsterdam hatten, dann habe ich eine Betreuung für die Kinder organisiert.

Es muss auf beiden Seiten Flexibilität herrschen. Freilich weiß der Arbeitgeber bei der Einstellung nicht, ob man flexibel ist oder nicht. Man muss auch bereit sein zu geben. Mir geht es ja auch darum etwas zu lernen, und nicht nur etwas zu arbeiten.

Fakt ist, einen guten Halbtagsjob zu finden, bleibt schwierig, der Markt ist nicht flexibel genug für Frauen.

Geht es wirklich nicht anders?

Christina: Natürlich geht es, wenn der Arbeitgeber es will. Nur wenn der Arbeitgeber nicht muss, weil er genauso viele Leute zu 100 Prozent einstellen kann, warum soll er sich dann flexibel zeigen? Man muss sich auf so einen Teilzeit-Arbeitnehmer natürlich sehr viel mehr einstellen, man muss sich überlegen, ist sie da oder nicht, muss man unter Umständen das Meeting verlegen. Hat man zu viele solche teilzeitigen Arbeitnehmer, dann kriegt man sie vielleicht gar nicht mehr zu einem Termin zusammen. Wenn der Kunde eine Deadline vorgibt und die Mutter ist gerade zuhause beim kranken Kind, ist das schlecht. Eine Mutter kann eben nicht bis 22 Uhr arbeiten, was aber einer kann, der keine Kinder hat. Es ist reine Einstellungssache.

Sie haben es ja gemacht…

Christina: Ja, ich habe zu 80 Prozent gearbeitet. Ich hatte aber auch tolle Kollegen. Die haben alle voll gearbeitet, es waren alles Männer, teils mit Kindern, teils ohne, ich war die einzige Frau. Die haben auch immer geschaut, dass es für mich passt. Ich war immer die Erste, die morgens da war, aber ich war auch immer die Erste, die abends ging. Das war in Ordnung, weil ich meinen Job machte. Für meinen Chef war es auch o.k. so, solange alles gemacht war. Und das war auch mein Prinzip. Als ich von 100 auf 80 Prozent reduziert habe, habe ich ja nicht weniger gearbeitet, ich habe dasselbe geschafft, nur in kürzerer Zeit und für weniger Gehalt logischerweise. Man muss sich einfach besser organisieren, dann schafft man es schon. Andererseits muss man auch sehen, dass die Kollegen oft 120 Prozent arbeiten und doch nur 100 Prozent bezahlt bekommen.

Was ist denn der Wunsch einer Mutter, die ihre Kinder liebt, aber auch arbeiten möchte?

Christina: Die Arbeitgeber müssen mehr Flexibilität zeigen. Gesetze sind aber dazu, glaube ich, nicht geeignet. Ich bin Schweizerin und weiß, dass es in der Schweiz, wo es viel weniger Gesetze für Frauen gibt, viel mehr Teilzeitstellen gibt. Man hat dort auch von außen kommend mehr Möglichkeiten, einen interessanten Teilzeitjob ausüben zu können. In den Schweizer Zeitungen habe ich eindeutig mehr Stellenangebote gefunden als hier in Deutschland in der FAZ oder dem Hamburger Abendblatt. Ich denke, das liegt daran, dass es dort weniger reglementiert ist. Mit dem Anrecht auf den gleichwertigen Teilzeitjob klapp es auch nur selten. Der Arbeitgeber muss es kapieren und wollen und muss die Person wollen, auch wenn sie nur 60 Prozent arbeiten kann. Es wird schon besser, das sieht man ja an den Kindergärten, die überall eingerichtet werden. Es gibt immer mehr Offenheit, auch für die besonderen Talente, die Frauen mitbringen. Schwierig bleibt, Teilzeitjobs zu finden, wenn man von draußen kommt.

Zurzeit sind Sie Vollmutter mit einem Säugling und zwei Mädchen, die Sie gleich vom Kindergarten und von der Tagesmutter abholen müssen. Wie funktioniert das?

Christina: Für meine Tochter im Kindergarten habe ich einen Sechs-Stunden-Platz, von neun bis drei. Ein bisschen flexibel ist das schon organisiert, ich kann sie auch um acht Uhr bringen, muss sie dann aber um zwei abholen.

Wie groß ist der Kindergarten?

Christina: 80 Kinder, zwischen zwei und sechs Jahren.

Warum ist Ihre jüngere Tochter nicht dort, sondern bei der Tagesmutter?

Christina: Ich hätte sie dort hingeben können, das wollte ich nicht. Die Zweijährigen, es sind nur wenige, müssen immer mitlaufen mit den Drei-, Vier- und Fünfjährigen. Das war mir einfach zu früh. Finanziell hätte uns das viel weniger gekostet, beide in den Kindergarten zu bringen, statt Xenia zur Tagesmutter zu bringen und eine Kinderfrau für die Stunden im Haus zu beschäftigen. Mir war's das wert, weil es dem Kind gut gehen soll. Bei der Tagesmutter sind nur zwischen vier und sechs Kinder im Alter zwischen 18 Monaten und drei Jahren.

Warum ist für sie eine Krippe nie die Option gewesen, warum haben Sie nach einer Tagesmutter gesucht?

Christina: Ganz klar wegen des Betreuungsschlüssels – zu viele Kinder für zu wenige Erzieherinnen. Für Ein- und Eineinhalbjährige finde ich das nicht gut. Ansonsten denke ich, dass eine Krippe den Vorteil hat, dass Überwachung stattfindet, es gibt mehrere Erzieherinnen, die sich gegenseitig kontrollieren können und es wird vom Staat oder von der Kirche oder vom Jugendamt kontrolliert. Bei der Tagesmutter weiß man ja nicht, was sie tut, ob sie die Wäsche macht und die Kinder vor den Fernseher setzt – keine Ahnung. Bei einer Tagesmutter muss man schon sehr viel Vertrauen haben.

Sie haben Ihre Kinder zur Tagesmutter gegeben, wieso ist das Vertrauen überhaupt da?

Christina: Ich habe mir mehrere angesehen und bei derjenigen, die ich jetzt habe, hatte ich sehr schnell das Gefühl, die macht das ganz toll, genau so eine will ich haben. Entsprechend baut sich dann ein Vertrauensverhältnis auf. Und dann trifft man ja auch andere Mütter, die ihre Kinder dort haben oder hatten und positiv berichten.

Als ich die Töchter so ein, zwei Wochen dort eingewöhnt habe, habe ich natürlich gesehen, wie sie mit den Kindern umgeht. Mir hat ihre Konsequenz gefallen, wie sie sich mit den Kindern beschäftigte und gelegentlich auch eingriff, wenn zwei dasselbe wollten.

Wie viele Stunden waren die Kinder denn bei der Tagesmutter?

Christina: Höchstens zwei und einen halben Tag, meistens waren es eineinhalb. An zwei Nachmittagen kam ich früher nach Hause und den Rest der Zeit waren sie bei unserer Kinderfrau. Kurz nachdem unser drittes Kind geboren wurde, habe ich der Kinderfrau kündigen müssen, weil sie eigentlich mehr Stunden arbeiten wollte. Jetzt bin ich hier und mache alle drei allein, bis wir umziehen.

Wenn Sie schon eine Kinderfrau hatten, warum dann noch die Tagesmutter?

Christina: Ich wollte, dass die Kinder auch noch andere Kinder sehen und mit ihnen oder bei ihnen spielen können, teilen lernen – das Soziale eben. Das war eher spielgruppenmäßig gedacht. Kinder brauchen Input von anderen Kindern. Als ich die ganze Zeit zuhause war, also noch nicht wieder berufstätig, habe ich mich ständig mit Freunden und deren Kindern getroffen. Da haben die Kinder immer andere Kinder gesehen. Mit der Kinderfrau hat das nicht geklappt, weil die Freunde ja auch nicht Zeit mit der Kinderfrau verbringen wollen und umgekehrt. Aber die Kinderfrau geht mit den Kindern zum Turnen oder auch mal zur Musikstunde, sie kauft ein und macht die Wäsche und kocht für die Kinder. Wenn man es finanziell schafft, scheint mir unsere Lösung fast ideal, ein bisschen aushäusig bei der Tagesmutter und viel hier zuhause mit der Kinderfrau und mit mir und meinem Mann natürlich.

Können Kinder das Soziale nicht auch im Kindergarten lernen?

Christina: Klar, aber ich glaube man erleichtert den Kindern den Eintritt in den Kindergarten, wenn sie vorher schon mit anderen Kindern zusammen waren. Unsere sind ja Geschwisterkinder, aber viele Einzelkinder sind doch sehr behütet und haben dann ihre Schwierigkeiten.

Würden Sie alles wieder so machen oder würden sie zuhause bleiben?

Christina: Zuhause bleiben? Das hieße in meinem Fall bis zum Kindergarteneintritt des Jüngsten sieben Jahre. Da ist man doch beruflich aus allem raus. Das würde ich sicherlich nicht machen, da wäre ich nicht glücklich und eine unglückliche Mutter macht keine glücklichen Kinder, weil die Kinder das ja auch merken. Man darf es natürlich nie zu Lasten der Kinder machen. Viele Reisen, toller Beruf und ich sehe die Kinder nur im Pyjama – das geht nicht. Da mag die eine oder andere Frau total ausgefüllt sein, aber das macht natürlich Kinder nicht glücklich.

6.
Hetze ist Gift für die Kinder
Wenn man jung ist spürt man, dass Kinder das Wichtigste sind, wenn man alt ist, weiß man es.

Ingrid, 64, Großmutter
drei Kinder, 43, 41, 27; ein Enkel, 15, eine Nichte, drei Jahre
Regensburg

Sie haben drei Generationen Kinder erzogen, was hat sich geändert?

Ingrid: Ich war 21 Jahre alt, als ich mein erstes Kind bekam. Meine Mutter hatte die schöne Angewohnheit, ihren Kindern nach den Geburten der Enkelkinder für ein paar Monate die alte Kinderschwester zu schicken. Das war ganz toll und auch anstrengend, weil jede Windel gebügelt wurde und Gläschen waren verpönt. Natürlich habe ich auch gestillt. Als Bella drei Jahre alt war, hat die Kinderärztin gesagt, dass der französische Kindergarten so gut sei, so habe ich sie dort hingebracht.

Immerhin wurde da ja Französisch gesprochen, war das einfach?

Ingrid: Einfach? Ich habe nach einer Stunde angerufen, weil ich sie so vermisst habe und habe gefragt, wie es ihr ginge. Die Maitresse antworte nur knapp: „Sie ist in großartiger Form." Nein, ich war nicht in großartiger Form, ich fand es schrecklich, weil ich immer so verliebt in meine Kinder war.

18 Monate später habe ich auch unseren Sohn in diesen Kindergarten geschickt, aber er war nicht in großartiger Form. Er hat mit der Kindergärtnerin gekämpft und wäre am liebsten zuhause geblieben. Das lehrt einen als Mutter doch, dass keine zwei Kinder gleich sind und man jedes Kind sehr genau beobachten muss. Michael hat da auch nicht gut Französisch gelernt, hat nichts mitgekriegt, war ein Träumer und Eigenbrötler.

Haben Sie einen anderen Kindergarten für ihn gesucht?

Nein, nein, er hat sich daran gewöhnt, aber glücklich war er dort nicht. Er mochte Schule einfach nicht. Die Tochter war aber so gut, dass sie schon mit fünf dann in die französische Schule eingeschult wurde. Später hab ich sie dort herausgenommen und noch einmal die vierte Klasse in einer deutschen Schule durchlaufen lassen, weil sie kaum Deutsch gelernt hatte. Den Jungen habe ich gleich nach dem Kindergarten in die deutsche Schule geschickt.

Auch Ihre zweite Tochter ging mit drei in den Kindergarten?

Ingrid: Ich hab die Kinder nie ohne mich gelassen, bis sie drei waren. Wenn wir Einladungen zu Hochzeiten oder Festen an Wochenenden hatten, bin ich automatisch krank geworden, da konnte ich nicht hingehen, ich wollte die Kinder nicht zurücklassen. Ist vielleicht auch nicht normal, aber so war es.

Ging Ihre jüngste Tochter, die ja immerhin 14 Jahre jünger als ihr Bruder ist, in denselben Kindergarten?

Ingrid: Nein. Und bei ihr musste ich mit Bestechung arbeiten. Du bekommst ein Stück Schokolade, wenn du zehn Minuten da bleibst, dann, wenn du eine halber Stunde, später eine Stunde bleibst. Die wollte nicht. Die wollte an mein Knie geklammert mit mir herumlaufen. Wenn ich an einem langen Tisch saß und kurz rausging, hat sie angefangen zu schreien. Sie war sehr anhänglich.

Hat sie das je überwunden?

Ingrid: Nach mehreren Wochen hat sich das gelegt, weil ich zuverlässig gekommen bin. Wenn ich sagte „zehn Minuten", war ich nach zehn Minuten da, später eine Stunde und so fort. Sie verstand, dass ich in der Nähe einkaufen ging und verlässlich wiederkam. Sie war am Ende so glücklich in dem Kindergarten, dass sie nicht in die Schule wollte und schließlich in der Schule so froh, dass sie nicht aufs Gymnasium wollte.

Sie sind mittlerweile Großmutter geworden. Und haben Ihren Enkelsohn über größere Abschnitte wie ein viertes Kind erzogen. Gab es Unterschiede zu den eignen Kindern?

Ingrid: Sie haben mir den Jungen erst allein geschickt, als er drei war. Davor haben sie sich, genau wie ich, selber gekümmert, immer war mindestens ein Elternteil zugegen. Wenn er bei mir zu Besuch war, habe ich aufgepasst, aber die Mutter war in der Wohnung und hat für ihr Diplom gearbeitet. Mit drei schien er den Eltern wohl alt genug, zur Großmutter zu fahren und dort auch zu bleiben, Sommerferien, Skiferien, also über viele Wochen. Unterschiede? Großmutter oder Mutter – das ist fast dasselbe.

Aber macht das Alter keinen Unterschied?

Ingrid: Doch. Ich habe bemerkt, dass ich eigentlich nur das Kind wichtig fand. Wenn man jung ist, hat man so viele andere Sachen im Kopf, geht viel aus und unternimmt so allerlei. Man liebt die Kinder genauso, man würde jeden Tag mehrmals für sie sterben, aber man will auch noch etwas anderes machen. Wenn man jung ist, spürt man, dass die Kinder das wichtigste sind, wenn man alt ist, weiß man es. Alles andere wird nebensächlich. Aber es war sehr anstrengend, ich war verantwortlich wie eine Mutter, mehrere Wochen hintereinander. Ich habe ihm das Schwimmen beigebracht, Ski fahren, auch das Reiten und vieles mehr.

Ihr Enkel ist ja wiederum 14 Jahre jünger als Ihre jüngste Tochter. War es anders für Sie?

Ingrid: Ich habe bei jedem Kind etwas Neues gelernt. Ich bin mit meinem Enkel immer in den Park gegangen, wo der Junge massenhaft Holz gesammelt hat, unter jedem Arm hat er Stöckchen und Äste geschleppt. Er kam mir vor wie in der Steinzeit, so als ob die Kinder die ganze Menschheitsgeschichte nachmachen, jedes Jahr eine andere Entwicklungsstufe. Es wurde von Kind zu Kind immer interessanter, sie zu beobachten und ihnen zuzuhören.

Kaum war der Enkel in der Pubertät, wollte er lieber Zeit mit Freunden verbringen statt mit der Großmutter. Doch da kam schon die nächste Aufgabe. Sie haben eine kleine Nichte in Pflege genommen, warum?

Ingrid: Das hatte mit der Familie gar nichts zu tun. Mich hat gestört, dass dieses Kind mit drei Monaten in die Krippe gehen sollte, weil die sehr junge Mutter wieder in die Ausbildung musste. Darum habe ich mich bereit erklärt, das Baby für zwei Jahre zu übernehmen, jeden Tag etwa sieben Stunden. Ich hätte das auch für jedes andere Kind gemacht, weil ich die Idee, mit drei Monaten in die Krippe gebracht zu werden, nicht sehr ersprießlich finde.

Was hat Sie an der Vorstellung der Krippe so gegrämt?

Ingrid: Es sind Vorurteile und ich bin altmodisch. Als mein Enkelsohn mit etwas mehr als zwei Jahren gegenüber von seiner Wohnung in eine Krippe kam, habe ich meiner Tochter Geld geschickt, dass er zuhause eine Betreuung hat. Er war aber sehr glücklich zwischen all den Kindern und wollte für ein paar Stunden gerne dort bleiben. Aber er war kein Baby mehr. Bei dem drei Monate alten Säugling sagte mir mein Bauchgefühl, dass das Kind bei mir besser aufgehoben ist als in der Krippe. Morgens um neun wurde Regina gebracht und nach der Schule, um vier, fünf Uhr holte die junge Mutter ihr Kind wieder ab. Es war eine schöne Zeit, wir hatten viel Spaß zusammen.

Wie war diese neue Situation mit einem Baby anders für Sie als die früheren Erfahrungen?

Ingrid: Ich habe mit Regina unheimlich viel aufgefrischt. Die lustigen, oft sehr albernen Reime, für jedes Tier einen, die Bücher, die Lieder. Kinder haben Humor und lieben zu blödeln. Ich weiß jetzt auch, warum das den Kindern einen Mordsspaß gemacht hat, dass sie das stete Wiedererkennen in ihrem kleinen Gehirn als Leistung verbuchen und das macht sie stolz. Ich habe mit diesem Kind, verglichen mit allen anderen Kindern, die ich hatte, am meisten gemacht. Ich habe mittlerweile verstanden, dass es nichts Wichtigeres als Kinder gibt und dass man Zeit haben muss und auch hat. Man kann lange an der Brücke stehen, das Kind wirft ein Stöckchen auf der einen Seite hinein und rennt kreischend zur anderen Seite, um es auftauchen zu sehen. So etwas habe ich eine Stunde mit der winzigen Regina gemacht. Wenn man jung ist, kann man das nicht. Wenn man jung ist, ist man einfach eiliger. Wenn man alt ist, weiß man doch, dass man nichts verpasst.

Sind Ihnen die sieben Stunden nicht manchmal ein bisschen lang geworden? Sie hatten ja schließlich auch ein Leben?

Ingrid: Eigentlich nicht, wir haben zusammen ein Stündchen zu Mittag geschlafen, wir haben gegessen, wir sind durch den Park gestreift, wir haben gesungen, geredet, gelesen. Ich habe meinen eigenen Kindern nicht mit drei Monaten vorgelesen, jetzt habe ich das gemacht. Anders als bei meinen ersten Kindern, hatte ich ja Zeit, ich hatte ja nichts anderes zu tun. Heute langweilt mich das Ausgehen, aber ich finde es spannend zu sehen, wenn das Kind im Park in Verzücken ausbricht, wenn ihm eine Schnecke auf der Hand entlang kriecht. Mir scheint, Eile ist für Kinder Gift. Ich sehe immer diese eiligen Mütter, das ist nicht gut Man lernt so viel dazu im Laufe der Zeit und heute weiß ich, Hetze ist Gift für Kinder – wie übrigens auch für Alte.

7.
Ich wollte immer weiter arbeiten

Anna, 46, Kunsthistorikerin
Verheiratet
Ein Kind, zweieinhalb Jahre
Stuttgart

Sie sind vollberufstätig und haben ein kleines Kind. Wie klappt das?

Anna: Ich hab mich schon gefragt, ob man mit so einer wichtigen Einbindung in den Beruf das Muttersein verbinden kann. Als ich begonnen habe zu arbeiten, hatten wirklich alle meine Kolleginnen keine Kinder. Ich bin neben einer Kollegin heute noch die einzige mit Kind.

Sie haben Ihr Kind spät bekommen, war das so geplant?

Anna: Nein, ich war sehr überrascht, dass ich schwanger war. Ich dachte, ich kriege keine Kinder. Es war eigentlich ein richtiges Wunder, dass das passiert ist und die Freude war gleich sehr groß. Alles war höchst unkompliziert und gar nicht schwer, Beruf und Schwangerschaft zu verbinden.

Aber dann?

Anna: Ja, denn ich hatte den Wunsch, weiterzuarbeiten und sah mich um nach Krippenplätzen. Das war sehr niederschmetternd, wo auch immer ich mich bewarb, konnte man mir nichts in Aussicht stellen. Bei privaten Initiativen, die ich dann anschaute, war ich teilweise wirklich schockiert. Das war mehr Aufbewahrung als Betreuung. Ich war schon fast bereit, für eine gewisse Zeit mit der Arbeit aufzuhören, da lief mir eine Nachbarin über den Weg und sagte: „Wenn du jemanden suchst, musst du nur ins Hinterhaus gehen. Da gibt es eine sehr nette Frau, die hat mir auch mit meinen Kindern geholfen." Als ich bei ihr klingelte, sagte sie nur: „Ich habe sie schon mit Ihrem dicken Bauch gesehen und mir gedacht: ‚Die kommt bestimmt'." Diese Frau war vom ersten Moment unserer Begegnung mitsamt ihrer Familie eine Partnerin, die ich mir schöner, anregungsreicher und herzlicher nicht hätte vorstellen können

Diese Frau wurde Ihre Tagesmutter?

Anna: Ja und sie ist es bis heute. Sie ist Ende dreißig, verheiratet, hat zwei größere Schulkinder, ist intelligent und lebensbejahend. Sie betreute halbtags noch einen zweijährigen Jungen. Das war wunderbar, zusammen mit ihren zwei Schulkindern war meine Tochter bei dieser Maria wie in einer Großfamilie.

Ihre Tochter ist gleich nach dem Ablauf des Mutterschutzes zur der Tagesmutter gekommen?

Anna: Ich habe mir noch einen Monat frei genommen und das Kind dann mit 12 Wochen täglich zu der Kinderfrau gebracht.

Ihr drei Monate altes Baby wegzugeben hat Ihnen nicht das Herz gebrochen?

Anna: Überhaupt nicht. Ich wusste, sie ist bestens aufgehoben. Ich bin selbst in der Großfamilie aufgewachsen und habe den vielfältigen Eindrücken sehr viel zu verdanken. Das kann man ja gar nicht lernen, wenn man immer nur mit seiner Mutter allein zuhause ist. Wenn unsere Tochter je die Spur von Überforderung oder Unglücklichsein gezeigt hätte, dann hätten wir sofort reagiert. Aber sie war glücklich. Ihr zweiter Name ist Allegra und der scheint Programm zu sein.

Wie viele Stunden verbrachte denn Ihr Baby bei der Kinderfrau?

Anna: Ich brachte sie um neun Uhr hin und holte sie abends um 18 Uhr wieder ab. Sie war den ganzen Tag bei Maria. Bisweilen verlangt mein Beruf auch, dass ich abends länger arbeite, dafür kann ich aber auch gelegentlich früher nach Hause gehen. In der wenigen Zeit allerdings, die mir bleibt, habe ich mich immer der Tochter voll und ganz gewidmet. Wenn ich nachts spät komme, dann mache ich eben am nächsten Tag wieder etwas Schönes mit ihr.

Ihr Mann kann das Kind dann auch nicht eher abholen, wenn Sie verhindert sind?

Anna: Nein, der ist beruflich genauso eingebunden wie ich, aber er verhält sich in der Freizeit genauso wie ich. Wir führen ein komplettes Familienleben mit gemeinsamem Frühstück und gemeinsamem Abendessen, mit Lesen, Singen, Spielen, einfach allem, was dazu gehört. Ich habe nie einen Nachteil für unsere Tochter entdeckt, sonst hätte ich reagiert.

Jetzt mit knapp zweieinhalb Jahren haben Sie Ihre Tochter in einen Kindergarten gegeben...

Anna: Ich hatte mich an vielen Stellen für einen Kindergartenplatz beworben, aber keine Zusage bekommen. Ich habe mir mehrere städtische und kirchliche Kindergärten angesehen. Was mir daran nicht so gefallen hat, war die fehlende Intimität. Es waren Kindergärten mit 100 und 200 Kindern und einem entsprechenden Geräuschpegel. Auch wenn es kleinere Gruppen in einzelnen Räumen geben mag, ist das doch ein rechtes Getriebe. Ich bin überzeugt, dass neben der Anregung die Ruhe und Konzentrationsfähigkeit das Beste ist, was man vermitteln kann. Deswegen habe ich gezögert. Doch durch Zufall fand ich diesen privaten deutsch-französischen Kindergarten – mein Mann ist ja Franzose –, er hat nur 30 Kinder, meine Tochter ist in einer Gruppe mit 10 Kindern zwischen 18 Monaten und drei Jahren mit zwei Erziehern. Mir gefiel die Art, wie die Betreuer sich den Kindern näherten. Sie geben ihnen, was sie brauchten, lassen ihnen aber auch die Freiheit sich selbst zu entfalten.

Wie viele Stunden verbringt Ihre Tochter in dem Kindergarten?

Anna: Etwa sechs Stunden, von neun Uhr bis halb drei, nach dem Mittagschlaf holt die Kinderfrau sie ab und geht mit ihr nach Hause oder auf den Spielplatz oder spazieren. Der Kindergarten ist bis sechs und mit Ausnahme von drei Wochen das ganze Jahr geöffnet. Das finde ich beispielhaft. Wir wollen die Zeit langsam ausdehnen und langfristig, vielleicht mit drei Jahren, geht sie dann den ganzen Tag dorthin.

Von neun bis 18 Uhr – das ist ein Neun-Stunden-Tag. Ein strammes Pensum schon für Erwachsene, wie viel mehr für so ein kleines Kind. Sorgt sie das nicht?

Anna: Im Kindergarten wird ja nicht gearbeitet, sondern gelebt. Dazu gehören Spannung und Entspannung, Programm und Pause. Trotzdem, als unsere Tochter im Kindergarten angefangen hat, hatte sie ein- oder zweimal richtige Wutanfälle. Da haben wir sie einfach in den folgenden Tagen um zwölf abgeholt und sie hat sich sofort beruhigt. Es war zuviel! Mittlerweile jedoch hat sie auch oft Lust weiterzuspielen, wenn sie abgeholt wird. Es hängt eben auch vom Kind ab, wie sozial unternehmungslustig es ist. Jeden Tag ist es ein bisschen anders, aber da ich die wunderbare Tagesmutter habe, können wir jederzeit so flexibel reagieren, wie es nötig ist.

Die Tagesmutter ist Ihr Ersatz und erzieht Ihre Tochter?

Anna: Ich denke, dass wir beide wichtig sind und jede von uns für Marie einzigartig ist. Die Tagesmutter und ihre Familie spielen eine sehr große Rolle. Ein Kind wird bei jeder Bezugsperson seine Grenzen ausloten, eigene Wege entwickeln. Grundsätzlich ist es offenbar so, dass die Eltern für ein Kind doch noch eine ganz andere Instanz darstellen und der Austausch noch tiefer, umfassender und verbindlicher ist.

Haben Sie je daran gedacht, nur 80 Prozent zu arbeiten?

Anna: Ich bin immer bereit, etwas zu ändern. Es kann ja sein, wenn das Kind in die Schule geht, dass es mich viel mehr braucht, dann würde ich reagieren. Wenn das nicht so ist, dann arbeite ich weiter. Aber es hängt ja nicht nur von meiner Wahrnehmung ab, mein Mann spielt da eine große Rolle und die Tagesmutter hat mich auch immer so gut beraten.

Wenn Sie jünger wären und der Beruf noch nicht so fordernd, könnten Sie sich vorstellen, doch ein Jahr ausgesetzt zu haben?

Anna: Nein, ich glaube, das wäre nicht gut für mich und auch nicht gut für mein Kind gewesen. Es wäre uns beiden nicht bekommen. Es wäre auch nicht nötig gewesen, weil wir eine sehr gute Situation entwickeln konnten.

Nun, wo Sie die wunderbare Tagesmutter haben, sind Sie froh, dass Sie damals keinen Krippenplatz bekommen konnten?

Anna: Absolut! Ich bin so froh, weil ich überzeugt bin, dass dadurch so viel mehr Liebe, Ruhe, Genauigkeit möglich wurden, einfach so ein Kokon, der für ein kleines Kind so wichtig ist. Dieses ideale Arrangement hat natürlich seinen Preis, den sich nur gut verdienende Paare leisten können. Zwar kann man Betreuungskosten absetzen, aber ich weiß von vielen, dass die Betreuer lieber schwarz arbeiten wollen. Ich denke, das ist ein großes Problem.

8.
Es ist nicht leicht - Konstanz und Kontinuität sind das Wichtigste

Susanne, 42, Professorin
Verheiratet
Drei Kinder, sieben, fünf und zwei Jahre alt
München

Sie und Ihr Mann führten bereits ein Leben auf der Karrierespur als Ihr erstes Kind geboren wurde. Wie war das damals, als Sie nach der Geburt nach Hause kamen?

Susanne: Die Zeit nach der Geburt ist natürlich sehr spannend. Wenn die Familie wächst, gibt es eine deutliche Umstellung im Leben und damit auch im Alltag. Dabei muss ich sagen, dass beim ersten Kind zwar alles neu, jedoch noch relativ „einfach" war. Wenn die Zahl der Kinder steigt, stellt das meist schon eine komplexere Herausforderung dar. Denn unterschiedlich alte Kinder haben natürlich auch unterschiedliche Bedürfnisse, denen man als Mutter gleichzeitig gerecht zu werden versucht.

Sind denn drei Kinder überhaupt mit der vollen Berufstätigkeit zu schaffen?

Susanne: Das ist grundsätzlich nur schwer zu beantworten. Es existieren verschiedene Modelle dafür, wie eine Frau Kind und Karriere miteinander vereinbaren kann. Ich gehöre zu den Frauen, die, ohne dass dies mit dem Beruf zu tun gehabt hätte, relativ spät ihre Kinder bekommen haben. Als ich mich für mein erstes Kind entschied, hatte ich eine Position erreicht, die ich schon lange genug innehatte, um mich in ihr wohl zu fühlen und gleichzeitig alle Herausforderungen der damit verbundenen Aufgaben zu kennen. Das war für mich ein wichtiger Faktor. Denn ich war in einer Situation, in der ich zu einem hohen Maße meinen Tagesablauf selbst bestimmen konnte. Ich hatte also das Glück, kaum fremden Regeln zu unterliegen. Somit war es mir auch möglich, das vollkommen Neue der Doppelrolle besser abzufangen. Ich konnte mich nach der Geburt sehr gut auf die Mutterrolle konzentrieren, da mein Arbeitsleben parallel dazu relativ automatisch weiterlief. Außerdem bin ich ziemlich schnell nach dem Mutterschutz zurückgekommen. Sie fragen sich sicherlich, warum. Auf keinen Fall aufgrund von bestimmten Rollenbildern im Kopf. Denn ich hätte für meine Kinder auch gerne noch länger ausgesetzt und die intensive Zeit mit ihnen genossen. Einer der wichtigsten Gründe für meine schnelle Rückkehr in die Arbeit war die Verantwortung für meine Mitarbeiter. Da ich selbst bestimmt war, konnte ich für eine Weile bestimmte Aufgaben delegieren. Dadurch dass ich aber auch die Verantwortung für meine Mitarbeiter getragen habe, war dies nur über einen beschränkten Zeitraum möglich.

Sie sind Wissenschaftlerin, da können Sie sich Ihre Zeit recht gut einteilen, oder?

Susanne: Wissenschaftler haben sicherlich einige Vorteile. Die Arbeit ist zum einen flexibel und zum anderen hat man für die meisten Dinge einen relativ langen Planungshorizont. Anders als im regulären Geschäftsleben muss ein Wissenschaftler nur selten über Nacht reagieren. Denn zentrale Termine werden meist schon lange im Voraus festgesetzt. Fristen wie zum Beispiel für das Korrigieren von Prüfungsarbeiten erhöhen die Planbarkeit und damit auch die Flexibilität, die für arbeitende Mütter so wichtig ist.

Und doch bleibt das Problem der Betreuung. Oder hat Ihr Mann in Ihrer Abwesenheit gewickelt?

Susanne: In meinem Fall hatte ich eine Betreuungshilfe zuhause. Wobei ich gerne auf eine Sache hinweisen möchte. Der Großteil der Überlegungen zu partnerschaftlichen Strukturen und Aufgabenverteilungen löst nicht das Kernproblem. Denn ein Kind braucht Liebe und Fürsorge für 24 Stunden am Tag. Wenn sich Partner an den Rändern eines Tages die Pflege teilen können, ändert das ja nichts an der Notwendigkeit einer zusätzlichen Betreuung über den ganzen Tag. Deshalb bin ich immer wieder überrascht, wenn ich gefragt werde, ob ich eine Hilfe habe. Natürlich muss ich eine Hilfe haben, wenn ich keine Mutter habe, die sich um alles kümmert, wenn ich arbeite. Viele haben Großmütter, die ihnen tatkräftig zur Seite stehen. Ich hatte dieses Glück leider nicht. Wenn ich von Unterstützung spreche, ist mir ein Aspekt besonders wichtig. Meine Kinder sollen in ihrer Betreuung Kontinuität erfahren. Ich wollte immer die gleiche, sehr verlässliche Bezugsperson neben mir und meinem Mann für das Kind bzw. die Kinder haben. Von Ad-hoc-Lösungen halte ich nichts. Auch das Mitschleppen von Kindern ins Büro finde ich persönlich nicht ideal. Denn meistens ist man für das Kind dann doch nicht wirklich da oder ich hätte es nicht hinbekommen.

Was für mich als Kind wichtig war und ich auch jetzt an meinen Kindern beobachten kann, ist klare Zeiten zu haben, in denen eine Betreuungsperson liebevoll und für das Kind berechenbar da ist. Dann kann auch die Mutter, wenn sie nach Hause kommt, zu 100 Prozent als wirkliche Mutter für das Kind oder die Kinder da sein. Sie ist dann nicht nur physisch präsent, sondern auch seelisch erreichbar.

Wie viele Stunden sind Sie denn täglich fort?

Susanne: Nun, man kennt ja seine Kinder und ihre Bedürfnisse. Wie ich gerade schon erklärt habe, ist es mir sehr wichtig für meine Kinder berechenbar und intensiv da zu sein. Dabei sind Kernzeiten unverzichtbar: Bei meinem ältesten Kind war das neben dem gemeinsamen Aufstehen später, als er in den Kindergarten ging, das gemeinsame Verlassen des Hauses. Der gemeinsame Aufbruch als Familienrhythmus ist bestimmend. Zudem war auch der späte Nachmittag immer eine wesentliche Zeit, in der wir gemeinsam spielen, lesen und reden konnten. Und dann habe ich sie natürlich auch ins Bett gebracht. Aber auch da haben die Kinder natürlich sehr unterschiedliche Anforderungen an mich.

Die Frage nach der Vereinbarung von Beruf und Familie beschränkt sich oft auf zeitliche Abläufe, greift das nicht ein bisschen kurz?

Susanne: Ja, da haben Sie Recht, denn es gibt noch viel deutlichere Herausforderungen. Eine, über die kaum jemand spricht, ist die Fragestellung, wer nachts raus muss und somit auch permanent müde ist. Wenn man dies über eine längere Zeit macht, hat man als Vater oder Mutter oft genug nur noch Watte im Kopf und muss trotzdem in der Arbeit „funktionieren". Schließlich ist man ja physisch bei der Arbeit und oftmals merken es die Kollegen noch nicht einmal. Gleichzeitig ist die größte Herausforderung vis-à-vis den Kindern nicht nur, physisch da zu sein, sondern sich auch auf den vollkommen anderen Lebensrhythmus von Kindern einzustellen. Das ist manchmal ein gar nicht so leichtes Unterfangen. Im Beruf ist der Tagesablauf meist sehr durchgetaktet. All das muss man an der Haustür über Bord werfen, weil die ganze Effizienz im Miteinander mit einem Kind nicht passt. Besonders weil die ganz Kleinen frei von Zeit und Raum leben.

Und wie schaffen Sie den Spagat?

Susanne: Auch die Umstellung auf den Rhythmus der Kinder kann man organisieren und lernen. Ich tauche zuhause in eine andere Welt ein. So nehme ich beispielsweise das Telefon in den Stunden vor dem Schlafengehen der Kinder nicht ab. Als Mutter kann man nicht mit Kindern spielen und nebenbei einen Anruf entgegennehmen, der eher stressig ist. Auch wenn ich es gewöhnt bin, kann ich den Schalter nicht pausenlos umlegen. Zudem spüren Kinder sehr schnell, wenn die Eltern angespannt und mit den Gedanken nicht bei ihnen sind. Zuweilen fällt es mir nach einem anstrengenden Tag auch schwer, mich nahtlos aufs Kind zu konzentrieren. Aber da habe ich für mich eine Lösung gefunden. Ich lese nach solchen Tagen meinen Kindern erst vor. Denn beim Vorlesen kommen wir uns nah und kuscheln viel. Dabei werde ich schnell ruhig und kann anschließend viel entspannter mit den Kindern spielen und reden. Und meinen Kindern gefällt diese Lösung auch sehr gut.

Haben Sie immer noch dieselbe Kinderfrau?

Susanne: Nein, leider nicht, aber das liegt nur daran, dass viele Frauen in diesem Beruf jung sind und nach einiger Zeit heiraten und selbst eine Familie gründen. Ich hätte meine erste Kinderfrau gerne behalten, denn für mich ist Kontinuität und Konstanz für die Kinder ganz, ganz wichtig. Wenn ich irgendetwas vermeiden möchte, dann ist es der Wechsel in der Kinderbetreuung.

Ihre Kinder gehen in den Kindergarten?

Susanne: Unser ältester Sohn ist ganz normal mit drei Jahren in den Kindergarten gegangen. Unser zweiter Sohn ein bisschen später, der jüngste wiederum schon mit zwei Jahren. Diese Unterschiede hatten keine organisatorischen Gründe, denn ich hatte und habe ja die Möglichkeit einer Kinderbetreuung zuhause. Unser jüngster Sohn war in seiner Entwicklung sehr schnell und sehnte sich früh nach Spielkameraden. Das zeigt, dass die Debatte auch hier zu kurz geführt wird. Denn obwohl ich eine Betreuung habe, hatte unser Jüngster keine gleichaltrigen Spielgefährten im Haus. Für ihn ist die Krippe eine große Bereicherung. Diese Krippe sieht übrigens eher wie ein Kindergarten für Zweijährige aus. Mir ist aber wichtig, dass diese Entscheidung eine sehr individuelle war. Sie war für unseren Jüngsten genau richtig. Für die beiden älteren Söhne waren wiederum andere Lösungen richtiger.

Und diesen Krippenplatz haben sie sofort gefunden?

Susanne: Ich habe mich damals in meinem alten Kindergarten nach guten Kinderkrippen erkundigt. Der Kindergarten konnte mir auch eine Empfehlung geben. Jedoch traf ich dort auf eine lange Warteliste. Für mich war das damals ganz überraschend. Ich wollte meinen Jüngsten anmelden, als bei meinem Mann und mir das Gefühl aufkam, dass es für ihn gut wäre. Ich rechnete damals mit ca. drei Monaten Vorlaufzeit – was leider recht naiv war. Aber nach einer gewissen Zeit hat es dann mit dem Krippenplatz geklappt. Unser Jüngster geht nun jeden Tag etwa fünf Stunden hin und kommt gegen zwei Uhr wieder nach Hause, wo die Betreuung auf ihn und die anderen wartet.

Wann kommen Sie dazu?

Susanne: Unterschiedlich, je nach den Bedürfnissen des einzelnen Kindes. Wesentlich sind aber immer die letzten Stunden des Tages. Außerdem gehe ich auch regelmäßig zu allen Sportaktivitäten meiner Söhne. Nicht etwa weil ich sie fahren müsste, sondern weil ihnen wichtig ist, dass ich sie bei ihren Aktivitäten sehe und begleite. Für Kinder sind ja andere Dinge wichtig als für uns Erwachsene. Dafür muss man natürlich ein feines Ohr entwickeln. Manchmal wollen sie von mir oder meinem Mann in den Kindergarten gefahren werden. Nicht weil es praktisch ist, sondern weil sie es einfach hin und wieder genießen. So ist es auch für meine Kinder unterschiedlich wichtig, ob ich den Tag mit ihnen beende oder mit ihnen aufstehe. Einem meiner Söhne ist es beispielsweise ungemein wichtig, dass ich ihn morgens aus dem Bett hole. Er würde dafür sogar auf den Gute-Nacht-Kuss verzichten, wenn er wählen müsste.

Der Jüngste bleibt in der Krippe?

Susanne: Unser Jüngster bleibt bis er drei Jahre alt ist in der Kinderkrippe. Dann geht er in denselben Kindergarten wie sein ältester Bruder. Das findet er besonders toll, weil sein Bruder da auch manchmal nach der Schule vorbeikommt. Und für meinen Mann und mich zählt sehr stark, dass wir die betreuenden Personen und die gegenseitige Abstimmung schon sehr gut kennen. Es ist für mich sehr wichtig, dass die Werte unserer Familie auch in diesem Kindergarten gelebt werden. Sonst würde es auch für unsere Kinder schwierig werden. Es ist sehr hilfreich und harmonisch für die Eltern-Erzieher-Beziehungen, denselben Kindergarten für alle Kinder haben zu können. Ich kenne die Betreuer und ihre Arbeit genau und einen Personalwechsel hat es dort bisher nicht gegeben. Daher weiß ich auch, was auf meinen Jüngsten zukommt und kann beruhigt sein.

Haben Sie je darüber nachgedacht, für einen Zeit mit dem Beruf auszusetzen?

Susanne: Nein, darüber habe ich persönlich bislang nicht eingehender nachgedacht. Natürlich war aber auch immer vollkommen klar, dass es Situationen gibt, in denen dies notwendig ist. Beispielsweise, wenn das Kind schwer behindert oder aus sonstigen Gründen nicht belastbar ist und die Abwesenheit der Mutter nicht erträgt. Mir war immer bewusst, dass dieser Fall eintreten könnte. Gleichzeitig war mir auch immer klar, dass meine Prioritäten bei den Kindern liegen. Bei mehreren Kindern und den jeweils neuen Herausforderungen denkt man immer wieder über die Balance zwischen Beruf und Privatem nach. Dabei spreche ich nicht von Schwarz oder Weiß, arbeiten oder nicht, sondern über die Frage, was man als Mutter verbessern kann. Natürlich habe ich wiederholt darüber nachgedacht, ob das denn alles so richtig ist, wie wir das mit drei Kindern handhaben. Es hat durchaus öfters geknirscht. Und wenn es um die eigenen Bedürfnisse geht, wird man immer zurückstecken. Der Tag hat nur 24 Stunden, da ist kaum Zeit für beispielsweise eigenen Sport. Aus diesen Gründen fehlen mir in den Debatten zur Kinderbetreuung ein bisschen neuere Modelle. Meiner Ansicht nach wird zu viel Schwarz oder Weiß diskutiert. In dieser Polarisierung des Entweder-Oder kann die Lösung für eine glückliche Familie nicht liegen. Die Freiheit wird automatisch weniger, wenn man zwischen Beruf und Familie steht. Zur Familie gehört schließlich neben den Kindern auch der Mann. Und deshalb ist es auch ganz wichtig daran zu denken, auf was man bei bestimmten Entscheidungen eventuell verzichten muss. Darum muss man schon sehr viel Spaß an seinem Beruf haben, damit das Doppelleben die Verzichte aufwiegt. Ich finde es überhaupt nicht richtig, Frauen Ratschläge zu geben, indem man sagt: Seht her, es geht doch und es ist alles ganz einfach. Denn einfach ist es nicht.

Hätten Sie sich vorstellen können unter anderen Bedingungen Ihre Kinder gleich nach dem Mutterschutz in eine Krippe zu geben?

Susanne: Ich denke im Moment gerade darüber nach, weil eine meiner Mitarbeiterinnen ein Kind erwartet und beruflich noch nicht so fortgeschritten ist, dass sie sich eine private Betreuung leisten kann. Ich weiß noch nicht genug über Krippen, um sie beurteilen zu können, aber ich denke mir, dass es dort mehrere Betreuerinnen für viele Babys gibt. Die Interaktionseffekte zwischen Kindern, die bei älteren Kindern sehr wichtig sind, greifen im sehr jungen Alter der Kinder noch nicht. Daher wäre die Idee der Tagesmutter meinen Vorstellungen näher. Denn sie entspricht eher der lieben, warmen, direkt bezogenen Betreuung. Im besten Fall ist so eine Tagesmutter mit einer liebenden Oma vergleichbar. Vor allem unter der Prämisse, dass man Konstanz in der Betreuung seines Kindes ermöglicht.

17.
Statt eines Nachworts: Was kostet ein Kind?

Kinder kosten Geld. Kinder stehlen Zeit. Kinder behindern die Karrieren ihrer Eltern. Das sind die vertrauten Töne am Standort Deutschland. Selten nur hört man die guten Nachrichten: von den Wonnen, die Kinder bescheren, die niemand außer ihnen den Eltern schenken kann.

Fast die Hälfte der Kinderlosen (47 Prozent) gibt die hohen Kosten als Grund für den Verzicht an, mehr als ein Drittel (37 Prozent) hält Kinder für schwer vereinbar mit den beruflichen Ambitionen, 27 Prozent empfinden Kinder als Einschränkung ihrer Freiräume und wiederum 27 Prozent finden Kinder zu anstrengend und trauen sich nicht die Kraft und die Nerven für das Familien-Abenteuer zu.

Ein Kind, so eine gängige Rechnung, kostet bis zum vollendeten 18. Lebensjahr etwa 120 000 Euro. Das schließt die größere Wohnung noch nicht ein. Will der Nachwuchs auch noch die Universität besuchen, wird's erst richtig teuer. Da kostet er die Eltern etwa 220 0000 Euro. Eine Menge Geld? Menschen mit Kindern werden angesichts solcher Summen darüber nachsinnen, was sie mit so viel Barem hätten machen können: Kreuzfahrten und Ferien auf Martinique. Sie hätten ein Segelboot kaufen, den doppeltürigen Kühlschrank mit Eismacher anschaffen, endlich das Cabrio bestellen oder endlos in schicken Restaurants essen gehen können. Die Eigentumswohnung oder das Haus würden bei 120 000 Euro allerdings recht klein ausfallen, in München oder Hamburg würde das Geld gerade für ein kleines Apartment in mittelprächtiger Lage reichen. Wer noch keine Kinder hat, würde mit genervtem Blick auf solche Kostenlawine blicken. Und fast die Hälfte würde wohl für das Leben allein oder zu zweit votieren.

Betrachten wir deshalb aber die 120 000 Euro zur Abwechselung nicht als Einmal-Zahlung, sondern als fortlaufenden Posten. Ein Jahr kostet dann präzise 6666,66 Euro, ein Monat 555 Euro, eine Woche etwa 130 Euro. Da ist ein Tag schon viel billiger als ein Essen beim Italiener. Die Stunde schließlich kostet weniger als einen Euro. Was bekommt man sonst schon für einen Euro? Ein Croissant oder drei Brötchen etwa, deren mittlere Verfallszeit eher bei einer Viertelstunde liegt. Ein Kind aber ist für immer. Und doch werden jene 47 Prozent der Kinderlosen möglicherweise denken: Ohne Kinder wird mein Konto täglich, monatlich anschwellen. Keine Windeln, keine Gläschennahrung, keine Schultüte, kein Klavierunterricht, keine Zahnspangen, keine Babysitter-, Kindergarten- oder Studiengebühren werden mich verarmen lassen.

Falsch gerechnet. Kinder machen wirklich reich.

Denn was bekommen die Eltern für 120 000 Euro?

Sie werden morgens mit glucksenden Lauten geweckt und dürfen abends im Bett kuscheln und Schlaflieder singen. Sie kriegen mehr Liebe, als sie sich je vorgestellt haben. Mit Kindern ist man ständiger Premierenbesucher: der erste Schrei, das erste Lächeln, der erste Laut, der erste Zahn, das erste Wort, das erste Stehen, der erste Schritt, der erste Schnupfen, der erste Schultag, die erste Liebe, der erste Tag am Steuer. Kinder machen uns unsterblich, unsere Gene leben weiter, sie bilden einen Ast mehr am Stammbaum und wenn man Glück hat später noch ein paar Zweiglein mit Enkelkindern.

Die Eltern besitzen das Namensrecht: Sie können ihr Kind Elvis oder Heloise, Siegfried oder Sieglinde nennen und den Nachnamen auch noch bestimmen. Für 120000 Euro kriegt man mehr Zinsen als der beste Anlagenfonds verspricht: Man darf klebrige Händchen drücken, entdeckt die Welt von Würmern, Käfern, Steinchen und Stöckchen neu. Man bekommt bärige Umarmungen und zarte Küsse.

Man darf mit gutem Gewissen wieder mit Fingerfarben spielen, kann Drachen steigen lassen, Seifenblasen in den Wind pusten und im Sand buddeln. Man hat ständig jemanden zum Blödsinn machen, zum Toben auf dem Rasen, zum Rollen auf dem Teppich – egal wie der Tag im Büro gelaufen ist. Für diese 120000 Euro erwirbt man sich die Lizenz, selber ein bisschen Kind zu bleiben. Man kann mit Fug und Recht noch einmal und mehrfach „Wo die wilden Kerle wohnen", „Pu, der Bär", „Pipi Langstrumpf", „Pünktchen und Anton" und „Harry Potter" lesen oder in Grimms Märchen schwelgen. Man kann „Der kleine Lord" dreimal anschauen und ungeniert in jeden Disney Film gehen.

Für 120 000 Euro bekommt man Geschenke aus Wollresten oder Nudeln, Karten mit bunten Buchstaben, die es in keinem Laden gibt und sonderbare Gemälde, die meist den Schreibtisch oder die Kühlschranktüre zieren.

Für 120 000 Euro ist man auch mal schnell ein Held, wenn man den Ball aus der Dachrinne holt, die Schaukel repariert, die Stützräder an- oder abmontiert, den Plastikpool aufbläst, Rechenaufgaben lösen kann und mit einem kleinen Lied und einer Wundersalbe samt buntem Pflaster das Loch im Knie verschließt.

Wer Kinder hat, darf gebrochene Herzen flicken, loben, manchmal strafen und lieben ohne Ende. Und eines Tages kann man dann vielleicht auch noch erleben, dass diese Kinder ihre Kinder genauso lieben, ohne über die Kosten nachzudenken. Das ist das Glück – und die Chance – sich nicht nur in persönlicher Glücksmaximierung zu verausgaben. Denn Glück ist, der Nabelschau Adieu zu sagen und lächelnd die zweite Geige zu spielen. Die Nummer zwei zu sein, ist sonst keine besonders fröhliche Existenz. Doch wie drückte es die Autorin Cornelia von Schelling schon 1982 in einer Reportage über späte Mütter im ZEIT-Magazin aus: „Heute bin ich froh, wenn *mich* die Wespe sticht und nicht mein Kind, das neben mir sitzt."

Ausgewählte Literatur

Wassilios E. Fthenakis (Hrsg.)
Elementarpädagogik nach PISA
Wie aus Kindertagestätten Bildungseinrichtungen werden
Herder Verlag, Freiburg 2003

Wach, neugierig, klug – Kinder unter 3
Ein Medienpaket für Kitas, Tagespflege und Spielgruppen
Verlag Bertelsmann Stiftung

EMNID Studie
10 Fragen zur Befindlichkeit von Müttern in Deutschland
Im Auftrage von wellcome, 2007

Befragung von Fachverantwortlichen zur Qualifizierung von Mitarbeiterinnen in Kitas für Unter-Dreijährige und Tagesmüttern
Bertelsmann Stiftung

Generationen-Barometer 2005
Hrg. Forum Familie Stark Machen e.V.
Verlag Karl Alber

Kay S. Haymowitz
Ready or Not
Why Treating Children as Small Adults Endangers Their Future – and Ours.
Simon & Schuster, New York 1999

Mary Eberstadt
Home-Alone America

The Hidden Toll of Day Care, Behavioral Drugs, and Other Parent Substitutes
Sentinel/Penguin, 2004

Deborah Fallows
A Mother's Work
Houghton Mifflin, Boston 1985

Ann Crittenden
The Price of Motherhood
Metropolitan Books, New York 2001

Horst Petri
Das Drama der Vaterentbehrung
Herder Verlag, Freiburg 2002

PREMIERE – Themen, über die man spricht

Klaus Berger
Die Wahrheit ist Partei
Öffentliches Handeln und biblische Weisheit
160 Seiten, Flexcover
ISBN 978-3-451-03001-7
Was taugen die Weisheitstexte der Bibel für Politik und öffentliches Handeln heute? Ein höchst aktueller Essay des bekannten Theologen.

Gisela Hinsberger
Weil es dich gibt
Aufzeichnungen über das Leben mit meinem behinderten Kind
160 Seiten, Flexcover
ISBN 978-3-451-03002-4
Vom Glück, mit einem behinderten Kind zu leben – ein zutiefst berührendes, literarisches Dokument.

Johannes Kandel
Islamismus in Deutschland
Zwischen Panikmache und Blauäugigkeit
224 Seiten, Flexcover
ISBN 978-3-451-03003-1
Wie eng sind Islamismus und Islam verbunden? Wo sind Gefahren für unser Gemeinwesen und wie kann man ihnen begegnen? Informationen und Klarstellungen.

Michael Kraske / Christian Werner
...und morgen das ganze Land
Neue Nazis, „befreite Zonen" und die tägliche Angst –
Ein Insiderbericht
224 Seiten, Flexcover
ISBN 978-3-451-03004-8
Die Autoren haben die Naziszene intensiv erforscht: Ein Blick hinter die Kulissen, eine aufwühlende Analyse, die zeigt, was getan werden muss.

Christoph Neidhart
Die Kinder des Konfuzius
Was Ostasien so erfolgreich macht
224 Seiten, Flexcover
ISBN 978-3-451-03006-2
Die Länder Südostasiens brechen alle Rekorde und setzen an, den Westen zu überholen. Wie ist dieser Aufstieg zu erklären?

Patricia Noll
Zurück ins Leben!
Krebs kann stark machen. Der selbstbestimmte Weg durch die Therapie
160 Seiten, Flexcover
ISBN 978-3-451-03007-9
Patricia Noll: Fernsehmoderatorin, Sportstudentin. Ihre Diagnose: Krebs. Entschlossen nimmt sie ihr Schicksal in die Hand und lernt fürs Leben. Ihre Erfahrung macht Mut: den eigenen Weg zu gehen.

Fritz Reheis
Bildung contra Turboschule!
Ein Plädoyer
224 Seiten, Flexcover
ISBN 978-3-451-03008-6
Fritz Reheis, sorgt für Zündstoff: Wissen, das die Schulen vermitteln, ist Wegwerfwissen. Echte Bildung braucht Zeit – ein überzeugendes Plädoyer.

Sibylle Thelen
Istanbul – Stadt unter Strom
Gesichter der neuen Türkei
192 Seiten, Flexcover
ISBN 978-3-451-03009-3
Die Türkei ist im Umbruch. Ungleichheiten und Spannungen beherrschen das Land. Brennpunkt dieses Geschehens ist Istanbul, wo Ostanatolien und die Moderne unvermittelt aufeinander treffen. Und wo eine Kultur pulsiert, die all das wiederspiegelt.

Jasna Zajček
Ramadan Blues
Wie sich eine Berlinerin, ein Leipziger und ein Jordanier aufmachten, den Nahen Osten kennenzulernen
224 Seiten, Flexcover
ISBN 978-3-451-03010-9
Was ist fremd? Was ist Heimat? Was macht unsere Identität aus? Welche Rolle spielt die Religion? Eine poetische und persönliche Reisegeschichte über Grenzen und wie man sie überwindet.